無印良品のPDCA

一冊の手帳で常勝経営を仕組み化する！

PDCA 笔记术

Tadamitsu Matsui

［日］松井忠三 著　朱悦玮 译

北京时代华文书局

图书在版编目（CIP）数据

PDCA 笔记术 /（日）松井忠三著；朱悦玮译. -- 北京：北京时代华文书局，2024.7
ISBN 978-7-5699-5485-2

Ⅰ.①P… Ⅱ.①松… ②朱… Ⅲ.①工作方法－通俗读物 Ⅳ.① B026-49

中国国家版本馆 CIP 数据核字 (2024) 第 087727 号

MUJIRUSHIRYOHIN NO PDCA by TADAMITSU MATSUI
Copyright © 2017 TADAMITSU MATSUI
Original Japanese edition published by Mainichi Shimbun Publishing Inc.
All rights reserved Chinese (in simplified character only) translation copyright © 2024 by Beijing Time-Chinese Publishing House Co., Ltd.
Chinese (in simplified character only) translation rights arranged with Mainichi Shimbun Publishing Inc. through Bardon-Chinese Media Agency, Taipei.

北京市版权局著作权合同登记号　图字：01-2024-0203

PDCA BIJISHU

出 版 人：陈　涛
策划编辑：周　磊
责任编辑：周　磊
责任校对：畅岩海
装帧设计：程　慧　迟　稳
责任印制：訾　敬

出版发行：北京时代华文书局 http://www.bjsdsj.com.cn
　　　　　北京市东城区安定门外大街 138 号皇城国际大厦 A 座 8 层
　　　　　邮编：100011　电话：010-64263661　64261528

印　　刷：北京毅峰迅捷印刷有限公司
开　　本：880 mm×1230 mm　1/32　　　成品尺寸：145 mm×210 mm
印　　张：7　　　　　　　　　　　　　字　　数：124 千字
版　　次：2024 年 7 月第 1 版　　　　　印　　次：2024 年 7 月第 1 次印刷
定　　价：45.00 元

版权所有，侵权必究
本书如有印刷、装订等质量问题，本社负责调换，电话：010-64267955。

無印良品のPDCA

一冊の手帳で常勝経営を仕組み化する！

前 言

"公司内部没有完善的制度""组织缺乏执行力",我每年在日本进行100多场演讲,前来参加活动的企业经营者、管理者经常向我诉说他们的烦恼,总结起来就是以上两点。

比如企业或门店之中没有完善的制度和统一的工作方法,各个部门、项目组各自为政,这样的情况在很多企业都很常见。如果企业(门店)换了新的经理(店长),新上任的管理者肯定会改变之前的工作方法,并且要求员工全都按照自己的方法来做。如果频繁出现这种情况的话,受影响最大的莫过于在现场工作的一线员工……因为在这种情况下,组织根本不可能有好的发展。事实上,从管理者到现场员工都已经意识到这个问题的严重性了,因此才会有文章开头的那些"烦恼",但他们谁都没有解决这个问题的执行力。如今，显然有许多组织都遇到了类似的问题。

或许有人会说，学习其他企业的优秀制度和工作方法，并且将其应用到自己的企业之中不就行了吗？确实有人跟我说过"不管要多少钱都可以，请将良品计划的工作方法告诉我"。但这些人对工作方法的理解从根本上就是错误的。将其他企业的制度和工作方法改造成适用于自己企业的内容，使其像"流动的血液"一样成为自己的东西，能够做到这种程度的企业，在100家企业中最多不超过2家。因为无论是"制度"还是"工作方法"，都不是只要制订出来就能一劳永逸的，而是需要不断地进行调整，才能最终确定下来，在现场发挥出应有的效果。"无印良品工作手册"也是如此，现在员工甚至自发地对工作方法进行调整，使其能够一直保持在最适合现场状况的"最佳"状态。要想在整个组织中建立起这样的制度，强大的执行力和作为基础的企业文化（员工的意识）缺一不可。

令人遗憾的是，要想实现这两点并没有捷径可走。良品计划也是从最基本的小事开始做起，脚踏实地坚持不懈，最终才有所收获。

比如其中之一，就是本书的主题——在工作中发挥PDCA[①]循环的作用。想必每位商务人士对PDCA都不陌生，这是商业活动最基本的方法之一。从制订个人日程表到推动企业经营改革、制度建设，全都离不开PDCA循环。

但是，"坚持不懈地将最基本的小事做好"其实是非常难做到的，我在辞去良品计划会长的职务后，站在第三方的角度对许多企业进行观察，更切实地感受到了这一点。也就是说，如果不采取任何措施，组织不可能自动进行PDCA循环。

但我们大可不必为这种情况感到烦恼。既然PDCA不能自动循环，那我们借助一些工具的力量，创建一个能够推动PDCA不断循环的制度就可以了。

对我来说，推动PDCA不断循环的工具就是记事本。大家只要翻开这本书就能看到，我也是按顺序制订日程表，每天都按照日程表行动，和大家的做法应该没什么区别。那么，我们究竟应当如何用记事本来对PDCA进行管理呢？又如何将记事本和每天的工作联系起来呢？这正是我在本书中想要传达给各位的信息。

---

① PDCA是Plan（计划）、Do（执行）、Check（检查）和Act（改善）的首字母组合。

除了工作中制订日程表和管理日常事务之外,如果本书还能够在企业经营改革、制度建设等其他方面给诸位提供一些启发的话,将是我最大的荣幸。

松井忠三

目 录

序 章
记事本与PDCA之间不可割舍的关系 ………………………………… 1

　　01 记事本与 PDCA 的关系 / 3

　　02 用前一年的记事本进行 Check（检查）/ 6

　　03 记事本的优点是"统一性""连续性""记录性"/ 11

　　04 用记事本保证执行率达 100% / 16

　　05 通过管理日程表实现 PDCA 循环 / 20

第一章
记事本是经营的"思考基础" ………………………………………… 23

　　01 记事本成为"思考基础"的原因 / 25

　　02 如何制订能够得到切实执行的计划（P）？/ 29

　　03 提高执行力（D）的方法①：用便签管理需要做的工作 / 34

　　04 提高执行力（D）的方法②：将会议都安排在每周的前半段 / 39

　　05 有效利用时间的方法①：利用吃饭时间进行交流 / 42

　　06 有效利用时间的方法②：充分利用碎片化时间 / 45

　　07 有效利用时间的方法③：要在 24 小时之内回复调整日程表的请求 / 47

　　08 周末专门用来回顾一周的工作（C）/ 49

第二章
以变革为目的的 DCAP ……… 51

01 从"D"开始变革 / 53

02 先用"D"获取现场的信息 / 57

03 用"D"处理价值 38 亿日元的积压库存 / 61

04 让"C"→"A"自动执行的制度 / 63

05 用"C"剔除掉不合格的"D" / 67

06 高层管理者要身先士卒推动"D" / 69

07 第二次、第三次"C"和"A"的意义 / 73

08 用倒推法在初期确定日程表 / 76

09 安排会议的方法 / 79

10 "P"不能只喊口号而不执行 / 84

11 半年的经营方针也要保持 PDCA 循环 / 87

12 根据日程表,适当安排应酬 / 90

专栏:在灾难性的股东大会上救赎心灵 / 92

第三章
用"C"和"A"创建常胜的制度 ·················· 95

01 通过 PDCA 实现改善 / 97

02 用 PDCA 推进商品开发 / 105

03 通过每周进行"C"和"A"以及每月一次的会议改善商品，让商品更加优秀 / 108

04 用"C"和"A"决定需要取消的工作 / 111

05 成本结构改革的关键也是"C"和"A" / 119

06 通过第三者的"C"了解现场的真相 / 126

07 用"C"和"A"使"无印良品工作手册"进化 / 130

08 想办法让 PDCA 保持良性循环 / 135

专栏：从新店开张混乱的场面到"无印良品工作手册"的诞生 / 138

第四章
改变企业文化的 DDDD ·················· 143

01 用"C"和"A"加强内部交流 / 145

02 业务基准书与业务标准化委员会 / 152

03 人才培养也离不开 PDCA / 156

04 从由上而下到由下而上 / 159

05 创建企业文化只能靠"D" / 167

06 确定截止时间，让 PDCA 循环起来 / 175

专栏：为什么要在 8 月新记事本发售时就提前买好第二年的记事本？ /178

第五章
用 PDCA 促进自我成长 ……………………… 181

01 用记事本记录健康数值 / 183

02 健康也要用"C"和"A"进行管理 / 187

03 用 PDCA 对兴趣进行管理 / 196

04 在记事本上记录使自己成长的名句 / 200

结　语 ……………………………………… 207

序 章

记事本与 PDCA 之间不可割舍的关系

01 记事本与PDCA的关系

将PDCA导入所有制度之中的良品计划

PDCA对于工作的重要性，每一位商务人士应该都十分清楚。

PDCA是商务活动中最基本的循环，PDCA是Plan（计划）、Do（执行）、Check（检查）、Act（改善）这四个单词的首字母组合。在商务活动之中，Plan→Do→Check→Act的循环必须像汽车的轮胎一样连续不断地旋转起来。

我在重建良品计划，并使其成长为一个强大组织的过程中，也将PDCA作为制度的基础组成部分，导入到包括"无印良品工作手册"、内部检查、商品开发、销售和生产管理等所有制度之中。毫无疑问，PDCA是良品计划持续发展的基础。

但是实际情况令人遗憾，虽然很多人都知道PDCA的重要性，却无法使其在现场顺利地循环起来。

比如明明制订了完美的计划却无法执行……相信大家都遇到

过一两次这样的情况。如果我们想解决这个问题，就应当充分发挥"记事本"的作用。

只要我们将每天的重要日程都做成日程表写在记事本上，然后将日程表上的项目逐一完成，就能够确保计划得到执行。

就算有没能完成的项目，只要我们将其重新安排进日程表并写在记事本上，就相当于得到了再次完成项目的机会。这就相当于PDCA之中的Check（检查）和Act（改善）。

也就是说，**记事本不仅是执行计划的好帮手，更是促进PDCA循环的强有力的工具。**在这只有手掌大小的记事本里，隐藏着推动公司经营发展的强大力量。

● PDCA 循环

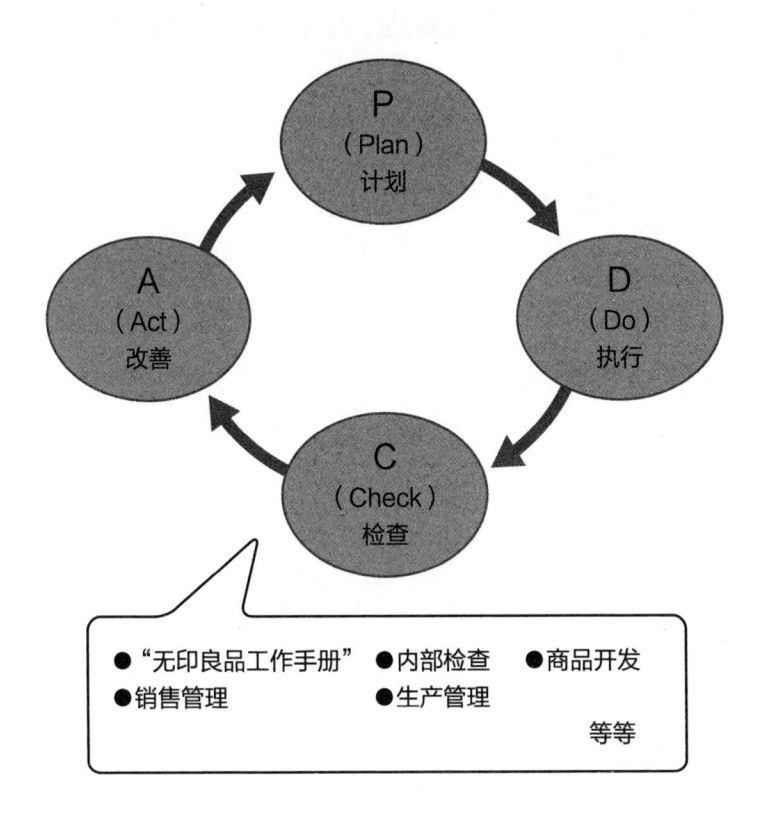

```
        P
     (Plan)
      计划

  A              D
(Act)          (Do)
 改善           执行

        C
     (Check)
      检查
```

- "无印良品工作手册"　●内部检查　●商品开发
- 销售管理　●生产管理
　　　　　　　　　　　　　　等等

02
用前一年的记事本进行Check（检查）

记录影响销量的天气与气象情况

我有一个习惯，就是一边参考前一年记事本上记录的内容一边思考当年的计划，也就是用前一年的记事本进行Check（检查，以下简称"C"）。因此，我一般都会把前一年用过的记事本放在办公桌的抽屉里以便随时取用。大家一定想知道我会看哪些内容吧。

答案是当天的天气。

我在就任社长之前就有在记事本上记录当天天气的习惯。对于实体店来说，晴天和雨天的商品销量肯定不一样，台风过境的时候销量必然会受到影响，天气对日销量的影响非常明显。因此，在记事本上记录当天的天气，我就可以分析日销量的变化是否受天气影响。

● 记录天气和气象情况

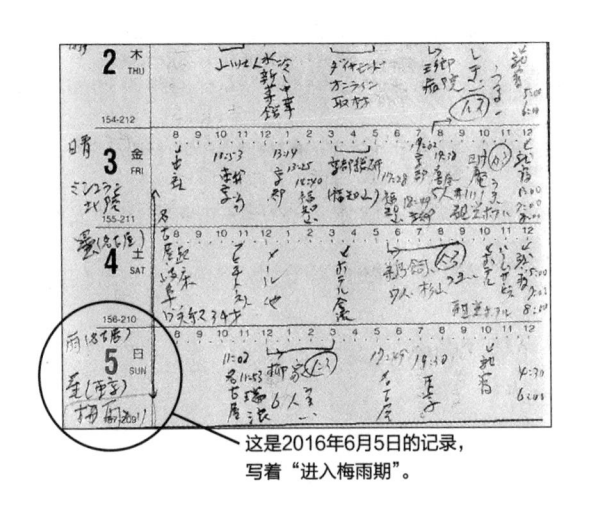

这是2016年6月5日的记录，写着"进入梅雨期"。

我会把进入梅雨期、梅雨期结束、樱花开花期等与气象和物候相关的内容写在记事本上。因为这些内容都将在我来年思考经营计划时给我提供灵感。只要翻一翻上一年的记事本，我就知道东京什么时候进入梅雨期。如果今年的梅雨期比上一年提前一周到来，那门店就必须提前准备好雨伞、防水喷雾等适合梅雨期销售的商品。反之，如果梅雨期比上一年延迟一周到来，那么门店就应该晚一些再将适合梅雨期销售的商品摆上货架。像这样检查细节和切实执行相应的措施对良品计划的商业活动来说是非常重要的。

当然，在企业经营资料上也会记录天气信息，但要将这些资料逐一拿出查看需要花费很多时间。与之相比，翻阅记事本就容易得多，我们在很短时间内便可获得需要的信息。

通过参考前一年的记事本，我能够提前把握进入梅雨期的大概时间，还可以确认前一年是冷夏或是暖冬等季节情况，随机应变采取对策。在思考当年的经营计划时，前一年的记事本可以发挥巨大的作用。

检查与前一年相同的活动"是否有进步"

前一年的记事本不仅可以用于确认天气，还能让我想起前一年的同一时期自己具体做了什么。

"前一年我们在会议上决定了春夏季的新商品，但今年春夏季公司的销售额并没有显著提升，明年必须有能够提升销售额的畅销商品才行。"

通过翻阅前一年的记事本，我们能够发现哪些事情没做好，然后可以提早做准备避免重蹈覆辙。这就相当于PDCA中的"C"

和"A"。

无论是工作还是个人生活,每年的日程表基本都差不太多,因此通过翻阅前一年的记事本,我们就能够知道什么时候有重要会议,可以在两三个月之前就做好准备。

不管做什么事都是越早准备越好,而前一年的记事本就可以帮助我们提前开始行动。

消除阻碍成长的"每年惯例"

我在担任社长和会长的时候,每周一上班后要做的第一件事就是和秘书一起对一周的日程表进行确认与调整。在这个时候,我一定会拿出前一年的记事本,看看前一年的这一周自己都做了什么。

比如新员工入职仪式基本上每年都在同一周甚至同一天举行,更为关键的事情在于每年新员工入职仪式的内容基本都是完全一样的。

行政部门经常按照同样的日程表和内容安排工作,却没有发现其中存在的问题。每年的新员工入职仪式除了参加人员不一样之外，其他内容都是固定的，甚至连领导上台讲话的顺序都一模一样，没有任何变化。

如果总是重复同样的事情，就会使人失去紧张感，结果新员工入职仪式对领导来说就是走过场，而领导的这种态度会在无形中影响每一位新入职的员工的态度。

我在发现这个问题之后，立即通知人事部门重新安排入职仪式和新员工培训的内容，要求想出改善的办法并尽快执行。

如果一家企业连续五年采用完全相同的销售政策，那么毫无疑问，这将会带来非常致命的影响。任何企业都应该根据每年的具体情况对经营策略进行调整。但就算是能够做到这一点的企业，在举办新员工入职仪式、员工培训以及各种会议时，往往仍然会以"惯例"为理由，每年重复做同样的事情。

无论是企业还是个人，都必须"每年进步"才行，因此"惯例"必须被消除。

每天**坚持PDCA循环，做到"每天进步一点点"，就能够实现"每年进步"的目标**，而记事本正是实现PDCA循环的有效工具。

03
记事本的优点是
"统一性""连续性""记录性"

为什么每年都要买同样的记事本？

如果你想参考前一年的记事本制订本年的计划，那么最好每年都选择同样的记事本。为什么要这样做呢？因为如果每年都用不同种类的记事本，那么在做比较的时候就不容易一目了然了。

因此，我从1992年开始一直用的都是同一种类的能率（NOLTY）记事本，而且我一直精心保管自己用过的记事本。

用同一种类的记事本将信息按照同样的格式记录下来的"统一性"；将每天的信息不间断地记录下来的"连续性"；能够与过去的内容进行比较的"记录性"，我认为这三点无论是在公司经营上还是在个人工作上都是非常重要的。

比如公司每年都要按照固定的格式发布年度报告，这是因为如果每年年度报告的格式不同就难以进行比较。用同样的格式撰写文件，阅读者就更容易对每年的数字变化进行对比，即便是很

小的变化也能被准确地发现。

这不仅适用于工作,也适用于私人生活。如果我们使用同样的记事本,对前年、去年和今年的事情进行对比就很简单了。

看了过去的记事本,我们也许会发现"每年这个时候自己的身体都不怎么好""这段时期因为晚上应酬太多导致体重超标,必须注意"等问题,然后提前做好准备。

只要时不时拿起过去的记事本翻一翻,我们肯定能发现这样的问题。

因为"能记录的内容有限",所以凝练的文字都是重要信息

记事本还有一个很大的优点,就是能够用一本记事本管理包括日程表在内的诸多信息。如果不集中管理信息,我们就很容易忘记自己需要的信息究竟在什么地方,但用记事本对信息进行统一管理之后,我们就可以随时随地找到自己需要的信息。

特别是对于高层管理者来说,因为每天都要接触大量信息,所以要从全局的角度对公司进行管理,更需要将重要的信息总结为凝练的文字以便在记事本中记录。

一本记事本能记录的内容是有限的。但正因为"能记录的内容有限",所以记事本上记录的内容全是重要信息。如果我们不管什么信息都写在记事本上,一本写满了就再写一本,结果连自己都搞不清楚在什么地方写了什么内容,又怎么能进行检查(C)呢?

因此,虽然看起来好像是记录的内容越多越详细越好,但如果记录的信息量太大反而不便于查阅和整理。

需要妥善保存的资料只有三种

在我担任社长和会长期间,除了记事本之外,我还经常需要确认三种资料,分别是经营计划书、商品计划书以及开店计划书,因此这三种资料必须妥善保管,放在自己很容易就能拿到的地方以便随时翻阅。除此之外的其他资料,只要在需要的时候提前准备好就行了。

这三种资料中最重要的就是经营计划书。经营计划书一般在每年年初发布,内容包括本年度的经营方针、预算以及具体的目标和政策。对于经营计划书来说,"统一性""连续性"和"记录性"也是很重要的,因此每年都应该按照同样的格式制作,因为这样便于同过去的内容进行比较。

与经营计划书同样重要的是商品计划书。

商品开发工作一般分为春夏季和秋冬季两个部分。从企划到上市销售大约需要一年,因此商品的企划工作要在商品上市销售一年前就开始。

春夏季商品的企划工作要在商品上市前一年的2月至3月开始,秋冬季商品的企划工作在上市前一年的8月至9月开始。因此,良品计划在一年中要两次制订商品计划书。

以"春夏季商品计划书"为例,其中包括整体商品、服装杂货、生活杂货和食品四个部分,每个部分的篇幅在10页左右。

还有一个必须妥善保存便于随时翻阅的就是开店计划书。良品计划在日本国内每年就要新开设20—30家门店,决定"在什么位置开设多大规模门店"的开店计划书是影响未来经营状况的重要文件,因此必须放在能够随时翻阅的位置。

当年的记事本随身携带,前一年的记事本放在办公桌的抽屉里，经营计划书、商品计划书以及开店计划书全都放在文件柜的文件夹里。

在担任良品计划的社长和会长期间，我会把用完的其他资料全部处理掉，但我一直妥善保存着这三种资料。

04
用记事本保证执行率达100%

提案书越厚,现场执行率越低的原因

良品计划和西友百货、西武百货一样,都是西武流通集团旗下的企业。西武流通集团的掌门人堤清二先生是一位不管做什么事都非常优秀的人,而且拥有非常敏锐的直觉。

正因为如此,他对所有工作的要求都很高。比如他会要求企业管理者"拿出5年后、10年后的人事制度"。如果企业管理者只是将现场的问题列举出来,然后提出改善办法肯定是不行的,企业管理者必须大胆想象5年后的人事制度究竟是什么样的。与此同时,如果堤先生没有首肯,一切行动都无法展开,因此不管企业管理者要做什么都要先写一份提案书。为了自己的提案书能够通过,提案人会将自己能想到的内容事无巨细地全都写出来,这就导致提案书变得越来越厚。

但具有讽刺意味的是,提案书越厚,其中的内容与现场的偏差就越大，就算堤先生同意了，提案的内容在现场往往也是难以执行的。

"这样的事情要怎么执行啊？"

因为提案书里写的内容都是不切实际的，现场的工作人员当然没办法执行提案了。这样的情况持续下去，现场工作人员的执行力就越来越差。在我接手之前，良品计划的现场就处于执行力低下的状态。可以说，提案书的厚度与现场工作人员的执行力完全成反比。

说极端点儿，当时的良品计划是用95%的力气做计划，用5%的力气做执行的企业。

其实这个问题不仅存在于良品计划，很多企业的实际情况是，高层管理者在经营方针发布会上提出了愿景和经营方针等计划，实际只有一半员工按照计划执行，另一半员工则不执行计划。

计划必须落实到每一天的工作之中才能得以执行，如果不落实到日常工作上，甚至连PDCA循环都无法实现。

要想让组织行动起来，光靠喊口号是不行的，世上根本没有那么简单的事。

因此，管理者必须将自己制订的计划落实到每天的具体工作中，通过每天的行动来将计划变成现实。

制订计划后要跟踪检查

即便管理者将计划落实到每天的具体工作中，并且对员工做出"这些内容必须做到"的指示，但实际上按照计划执行的员工最多只有80%，剩下20%的员工会以"太忙了"之类的借口拒绝执行计划。

就算管理者将指示变成命令并对拒不执行的人施加惩罚，也很难使执行率达到100%。但如果已经决定好要执行的事情没有被100%执行，那么这个组织就不是一个有执行力的组织。因此，让计划被100%执行就是经营中最重要的工作之一。

那么究竟应该怎样做才能让执行率达到100%呢？

唯一的办法就是建立能够让执行率达到100%的制度并打造能够让执行率达到100%的团队，然而要想做到这两点绝非易事。但是要想成为拥有执行力的组织，组织就绝对不能在执行率为80%或90%的时候妥协，必须在制订计划后坚持跟踪检查直到

执行率达到100%为止。

组织必须建立起一个能够让所有人都执行计划的制度,并且在执行率达到100%之前不断地对制度和企业文化进行改善。

在这个时候,记事本就能发挥作用。假设在会议上有人报告说某项计划的执行率只有60%,那么你就可以在这个时候立刻翻开记事本确认下一次会议的时间,然后大家一起讨论如何在下一次会议之前将执行率提高到100%,并且在会后采取具体的措施。

接下来,你需要在记事本上将这些内容记录下来,并在下次会议上再次确认该计划的执行率。

"上次开会时说的那项执行率达到60%的计划,现在的进展怎么样?"

如果该计划的执行率还没达到100%,那就找出究竟是哪些门店仍然没有执行,找到阻碍执行率提升的问题并加以改善。

像这样,我们可以参考记事本的记录对工作中存在的问题不断进行改善,直到执行率达到100%为止。

05 通过管理日程表实现PDCA循环

使用记事本管理 PDCA 循环

现在大家对PDCA的重要性以及PDCA循环与记事本之间的关系，应该有一定了解了。

==PDCA循环只进行一次是绝对不够的。==但现在比较常见的情况是P→D→C→A→P→D，然后就结束了，没有实现"PDCA循环"。

为了防止出现这种PDCA循环不彻底的情况，使用记事本是一个很好的办法。尽管不同的计划有不同的PDCA周期，但只要用记事本将其记录下来，无论周期是三天、一个星期、两个星期、一个月还是一年，我们都能持续跟踪检查。

此外，有些难以确定周期的事情，以及虽然重要但因为不太紧急而容易被延后的事情，我们都可以用记事本对其进行日程表管理，从而避免出现遗忘的情况。

我要参加很多会议，比如每周一次的经营会议、每两周一次的业务标准化委员会会议和董事会会议、每季度一次的季度报告发布会、每半年一次的商品开发会议（商品战略委员会）、每年一次的股东大会等。我都会通过记事本对这些会议进行日程表管理，以保证实现PDCA循环。

从PDCA循环的角度对日程表进行管理尤为重要。也就是说，**第二次做同样的事情，一定要比第一次做这件事情的时候取得更好的成果，我们在制订计划的时候就要将改善点考虑进去**。

对于一些周期比较长的事情，如果我们想对过去的内容进行检查、找出改善点，就需要用到前一年甚至更早的记事本。

如果每一次执行的效果都能比上一次更好，那么组织和个人都将得到成长。只要能够保持这种良性循环，组织和个人就能够不断成长。

第一章
记事本是经营的"思考基础"

01
记事本成为"思考基础"的原因

简单的内容能够提高思考的自由度

在序章中,我为大家介绍了PDCA的重要性,以及记事本在促进PDCA循环中的重要作用。在本章中,我将为大家介绍记事本的具体使用方法。

我已经连续近30年使用同一种类的记事本了,这并不是因为我拘泥于这种记事本的格式,我也没用过什么特殊的书写方法。我的方法其实很简单,可能和很多人用记事本的方法都差不多,就是用左边的页面进行日程表管理、右侧的页面记录信息。

有的人可能喜欢像写日记一样在记事本上记录自己的心情和感想,但我从来不写那样的内容,我只记录事实。听到我这样说,可能有些读者会感到奇怪,为什么我只是在记事本上记录这些很平淡的事实呢?这样做有助于PDCA循环吗?或者有助于加深我对企业经营的思考吗?

● 记事本的基本书写示例

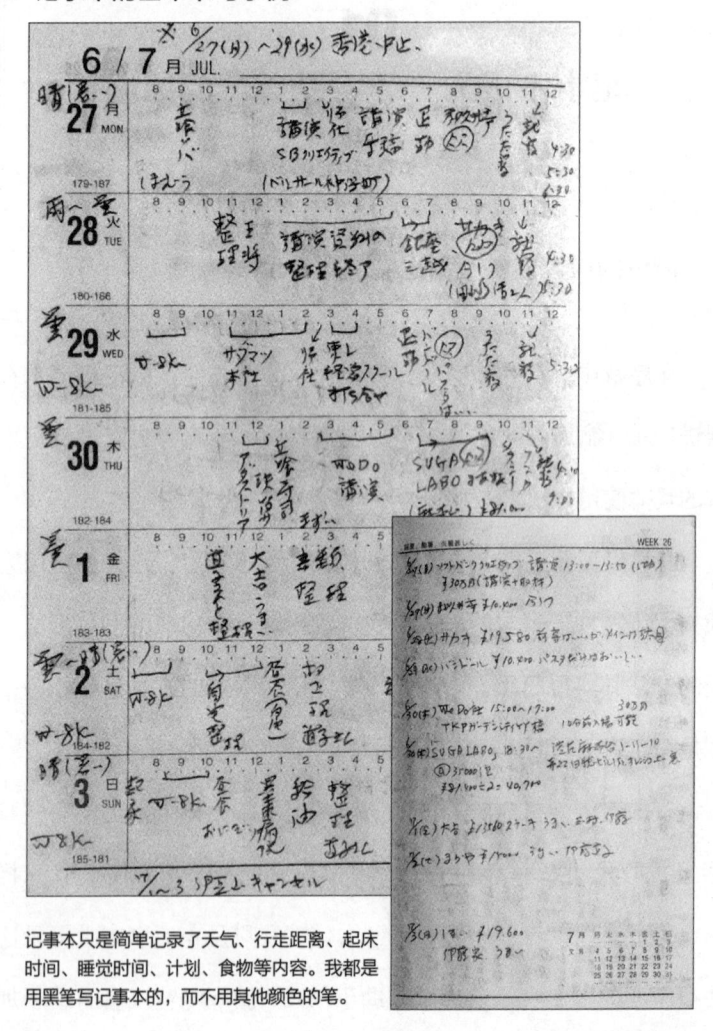

记事本只是简单记录了天气、行走距离、起床时间、睡觉时间、计划、食物等内容。我都是用黑笔写记事本的，而不用其他颜色的笔。

但真正的答案是，简单的内容能够提高思考的自由度。也就是说，正因为我只在记事本上记录了事实，所以我才能够以此为基础，使用包括PDCA在内的各种方法对事实进行思考。

要想创建一个拥有强大执行力的组织，关键在于对任何事都要严格执行（哪怕是很细微的事情），只要决定去做的事情就一定要做好。因此，我们需要经常通过记事本来确认上周以及上上周做过的决定，检查是否有忘记做的或者半途而废的事项，这就相当于利用记事本进行Check（检查）和Act（改善，以下简称"A"）。

即便记事本上只写了"经营会议"四个字，也足以让我们回忆起整个会议的过程、做了哪些决定、有没有得到执行，以及在下一次经营会议上需要确认的事项。

我们可以将在应酬时听到的感兴趣的内容记录下来，回头再读一遍就能够加深印象，有时候可能还会有和初次听到这些内容的时候完全不同的想法。

我们可以在记事本上简单地写下自己接下来要做的事情、应该做的事情，也就是Plan（计划，以下简称"P"）。在翻阅这些内容的同时，我们应该思考本周的工作重点是什么，下周最重要的事情是什么，自然就能确定工作的优先顺序，在大脑中对工作进行整理。

像这样只是简单地翻阅一下记事本，就能够在大脑中实现PDCA循环。因此，记事本是非常重要的"思考基础"。

02 如何制订能够得到切实执行的计划（P）？

先从大型活动的计划开始

接下来，我将更加具体地为大家介绍记事本的基本使用方法，以及如何将记事本与PDCA完美地结合起来。

首先是制订计划（P）的方法。

良品计划在每年的2月份公布年度报告，因此在2月中旬的时候，下一年度的主要活动就全都确定了。我会参考这份年度计划表，将与自己有关的项目都写在记事本的"月度计划表"上。

我会将每年一次的"良品集会"和"展示会"，每月一次的"店长会议"等大型活动，以及开店、关店的计划表和特卖活动时间等也都记录下来。这样我就能够从整体上把握年度和月度的活动安排，并且以这些大型活动的计划为基础，制订我每周的日程表。

● 按照由大到小的顺序记录

① 在月度计划表的页面上记录大型活动。

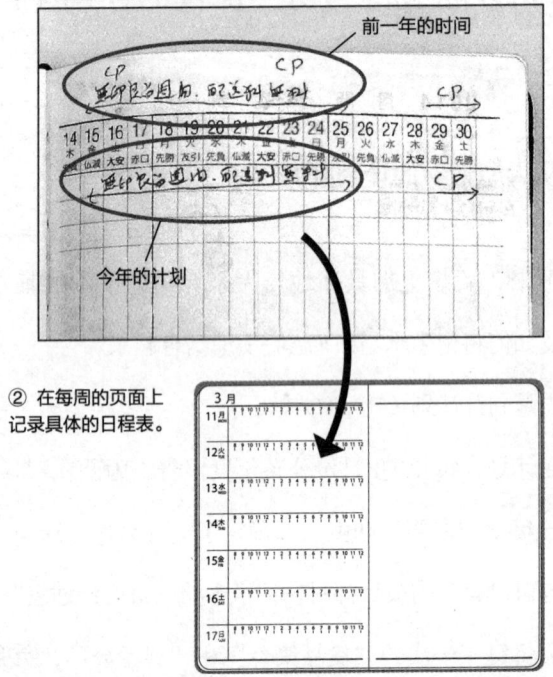

前一年的时间

今年的计划

② 在每周的页面上记录具体的日程表。

这是2013年的记事本，写着"无印良品周"（上）。"无印良品周"指的是特卖会，属于非常重要的营销活动，因此我在举办时间确定后要马上就记录下来。上面记录的是前一年的举办时间，下面写的是今年的举办时间。"CP"是"Commercial Paper"的简写，也就是人们常说的宣传单。

每周一推敲和确认一周的计划

我会在每周一对当周的计划进行推敲和确认。

因此,我在担任社长和会长的时候,每周一上午到公司之后做的第一件事就是和秘书开早会。我会翻阅当年和前一年的记事本,秘书则参考一周的日程表,然后我们共同确认当周的计划。

我这样做不仅是为了推敲和确认日程表,也是为了确认这些计划都需要做哪些准备。

比如我周三下午要和其他企业的负责人见面商讨一些问题,那么我除了需要提前知晓商讨的主要内容之外,还需要了解对方企业的具体信息,这样才能保证会谈顺利进行。如果我和对方是初次见面,我就需要让秘书帮我准备对方的资料,我会利用乘坐交通工具或者其他碎片化时间将资料看一遍。

如果我和对方约了一起吃饭,我就需要确认是我请客还是对方请客,或者大家均摊。如果是对方请客的话,我在赴宴的时候需要带上礼物,我就要与秘书商量礼物的种类和数量。

秘书在和我确认完日程表之后,就要去和司机以及公司内外的相关人员沟通日程安排,帮我购买礼品以及订购机票、车票等。

也就是说,我在每周一的上午都要花上几十分钟,通过记事本确认日程表(P),并且确定本周需要做哪些事情(Do,以下简称"D")。

在我就任社长之前,担任董事、常务董事以及专务董事的时候,凡是与工作相关的会议,我都会尽量配合负责具体工作的部长和科长的时间安排会议时间。

在成为团队的领导者之后,我必须在一定程度上对团队成员的工作进行管理,而且有更多与团队成员一起工作的机会。为了更有效地利用自己的时间,同时也不浪费别人的时间,共享日程表是必不可少的。

正所谓磨刀不误砍柴工,在每周一上午专门拿出一些时间对一周的日程表进行推敲和确认,能够大幅提高工作效率。我在担任社长的时候,大约需要30分钟才能完成一周的日程表的确认工作,但对于大多数团队领导者来说,需要的时间应该少一些。

计划的原则是"决定后马上记录下来"

在记事本上制订日程表,最重要的原则是"决定后马上记录下来"。因为如果不及时地记录下来,之后很有可能出现的遗漏情况。

比如对方发邮件请求调整会议时间,如果你能够当场决定更改的时间,应该立刻将更改后的时间写在记事本上,然后给对方回邮件告知更改的时间,这就把事情安排好了。

但有的时候我们并不能立刻做出决定。比如一起吃饭的话需要先预约餐厅,还有一些不确定性比较大的工作也无法马上确定时间。

在遇到这种情况的时候,我们可以将具体内容写在便签上,贴在记事本相应的页面上作为提示,等做出决定后,及时通知对方。

03 提高执行力（D）的方法①：
用便签管理需要做的工作

将"To Do"（待办事项）清单集中在两种便签上

在日程表确定之后，我们"需要做的工作"，即执行（D）的部分也随之浮出水面。

我们可以像我在前面提到过的那样，在确定工作安排之后，将会议等计划内容写在左侧的日程表页面上。有了计划内容之后，肯定会出现相应的工作任务，这些工作任务就可以记录在右侧的页面上。这样一来，我们在本周之内需要做什么工作就一目了然了。

如果右侧页面有足够的空间可以将所有工作任务都记录下来的话那当然没有问题，但在工作繁忙的时候右侧页面的空间可能就不够用了。在这种时候，我们就需要用到便签。我用的便签是在无印良品购买的待办事项清单。

切记，只有不需要保存记录的内容才能被写在便签上。这

● 将便签和记事本配合使用，记录计划和工作任务

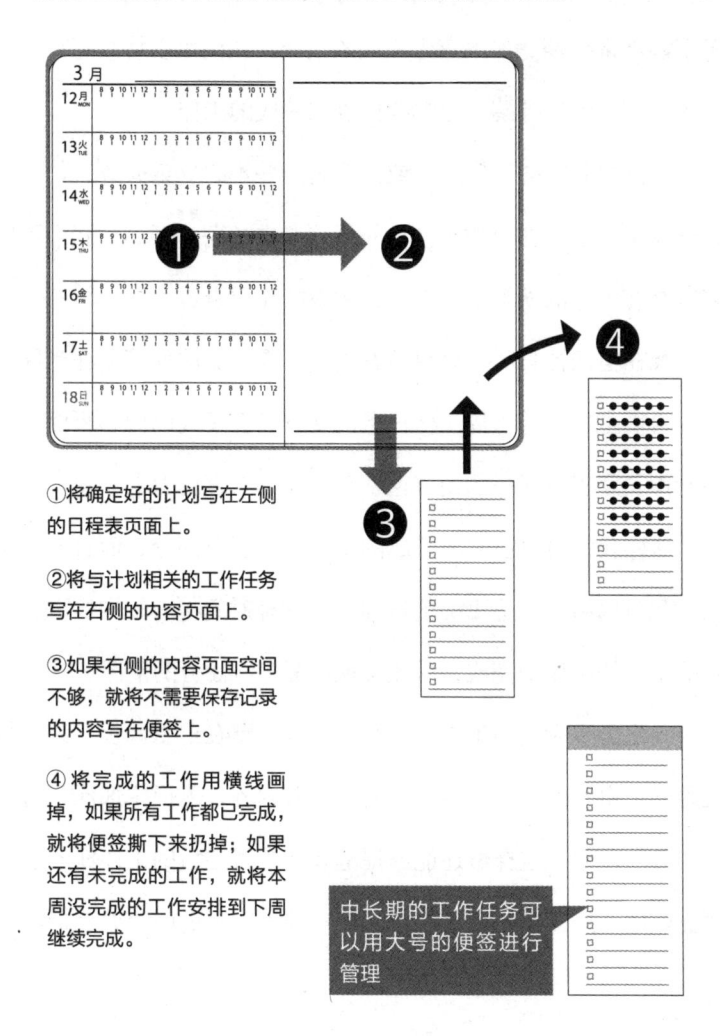

①将确定好的计划写在左侧的日程表页面上。

②将与计划相关的工作任务写在右侧的内容页面上。

③如果右侧的内容页面空间不够，就将不需要保存记录的内容写在便签上。

④将完成的工作用横线画掉，如果所有工作都已完成，就将便签撕下来扔掉；如果还有未完成的工作，就将本周没完成的工作安排到下周继续完成。

中长期的工作任务可以用大号的便签进行管理

第一章 记事本是经营的「思考基础」

样，当一周的工作任务全部完成之后，我们就可以将便签从记事本上撕下来扔掉。如果有未完成的工作，我们可以将其写在下周的内容页面上，提醒自己继续推进未完成的工作。

在需要完成的工作中，或许会有一些不必立刻完成，但需要在一两个月之内完成的工作。对于这些中长期的工作，我们可以将其写在大号的便签上，然后将便签贴在记事本上。

我在担任社长时，会将写着当周工作任务的便签贴在当周的内容页面上，写着下周工作任务的便签贴在下周的内容页面上，写着中长期工作任务的便签也贴在下周的内容页面上。

这样我就将自己需要完成的工作分成了三部分，而且一目了然。我可以参考左边页面的日程表，安排时间将右侧内容页面记录的工作任务逐一完成，避免出现遗漏工作任务的情况。

我将需要完成的工作任务写在便签上贴在记事本里。我在每天翻阅记事本的时候自然就会看到这些内容，无形中加深了对工作任务的印象。这样做还能够提醒我几个月之后的工作任务，从而更好地掌控工作进度，使自己在安排工作时更加游刃有余。

在周末回顾一周的工作完成情况并进行改善，为下周的工作做好准备

我将一周的日程表和需要完成的工作任务写在记事本上，然后逐一执行。我会在周六或者周日翻阅记事本，回顾一周的工作完成情况，如果有还没完成的工作，我可以选择当时就做完或者留到下周再做。确认完毕后，我就将当周的便签撕下来扔掉。

确认下周的日程表，提前做好必要的准备，也是周末应该完成的任务。只要简单翻阅一下写着中长期工作任务的便签，我们就可以对中长期的日程表进行大致规划。

在同样的状况下，如果对未来没有规划和缺乏了解的话，我就会感到焦躁不安；如果对未来有一定程度把握的话，我就会显得从容淡定。两者之间的差异之大绝对超出我们的想象。

我介绍的这些方法并没有什么特别之处，任何人都能够做到，但我可以负责任地说，上述办法绝对能够提高工作效率和执行力。

准确选择记录位置，切实提高执行力

我去门店视察的时候，总会发现一些需要告知商品部、销售部或者门店开发部的问题。每当我发现这些问题后，我都会立刻将问题记录在记事本右侧的页面上，这样可以保证好不容易发现的问题不会被遗忘。

在做记录的时候，有一点非常重要，那就是不要将发现的问题记录在发现当天的页面上，而是要将其记录在与相关负责人见面那一天的页面上。比如要将某个问题告知商品部，我就会将问题记录在预定和商品部部长开会的那一周右侧的内容页面上。

我会将在会议上需要说明的问题、在一起吃饭和面谈时想要询问的问题等内容记录在预定日右侧的内容页面上，这样自己到时候就不会忘记了。

当我完成了记录在记事本或便签上的工作内容之后，我就会用横线将记录画掉。在告知了需要传达的内容之后，我也会用横线画掉记录。我很享受"用横线画掉待办事项"的过程，因为这意味着工作被逐一完成，让我有充实感和成就感。

完成工作带来的最大好处就是能够取得成果，但从我个人的角度来说，完成工作还能极大地提高我的满足感。

04 提高执行力（D）的方法②：将会议都安排在每周的前半段

共享日程表的好处

大家在检查自己每周的日程表和工作计划时，有没有发现某种倾向和行动模式呢？

虽然站在我的角度上来说，我的行动都是自己决定的，但我会尽量将必须在公司完成的事情安排在每周的前半段进行。

比如我在前面介绍过的，我会在每周一上午和秘书一起确认当周的日程表，紧接着参加早会和经营会议。我会把公司内部的会议都安排在周一、周二、周三的上午，而从周三下午到周五，我则主要安排需要外出处理的工作。

这样简单地将日程表按照工作性质进行划分，不仅有助于我制订工作计划，对我身边的人来说也是有好处的。比如员工有事情找我，他们自己就会做出"今天是周二，社长应该在公司，我得赶紧去见他""社长周三午后就不在公司了，因此我得尽快去问问那件事的处理意见"之类的判断。

现在，在部门内或公司内共享同事日程表的企业越来越多，对于身处领导岗位的人来说，将自己的日程表与他人共享是非常重要的。对于部下来说，知道上司安排日程表的规律对开展工作也是非常有帮助的。

每周后半段，用来实地考察新开的门店和竞争对手的门店

那么，每周的后半段我都在公司外做哪些工作呢？

我外出工作最主要的任务就是去实地考察竞争对手的门店以及视察新开门店的销售情况。因为我认为，做决策不能仅凭数据和资料，只有自己在看过现场之后才能做出最终的决策。

我在一年中要实地考察30多家门店，但因为无印良品的门店遍及日本各地，因此必须有计划地确定日程表才行。

至于无印良品在海外的门店，我实在是无法全都实地考察，一般只有在该地区市场开设第一家门店以及开设旗舰店的时候我才会尽量抽时间去现场。除此之外，我还要接待来访的客人或

者去其他企业拜访,因此我每周大约有一半的时间在公司内、一半的时间在公司外,这就是我在担任社长和会长时期的日程安排情况。

05
有效利用时间的方法①：
利用吃饭时间进行交流

关键在于一起度过的时间

在看到第43页的日程表之后，大家应该就能够理解高层管理者的时间安排究竟有多么紧张了。因此身为高层管理者，就算我想和下属多交流也实在很难挤出时间。

为了将有限的时间更有效地利用起来，我在担任会长的时候，每周一中午都会和社长一起吃午餐。即便没什么重要的事情，我每周也会安排时间和社长进行一次深入交流。这对于维护会长与社长之间的关系大有好处。因为我们都是高层管理者，经常要出席各类会议，所以很难在正常的工作时间中找到空闲时间交流，因此我就想到了这个利用午餐时间交流的办法。

我在周二的中午会与同事一起边吃饭边开会。在每周的其他工作日，我会根据当时的具体情况，和工作相关的人士（比如业务标准化委员会的成员、部门负责人等）共进午餐。

● 为会议和交流安排日程的示例

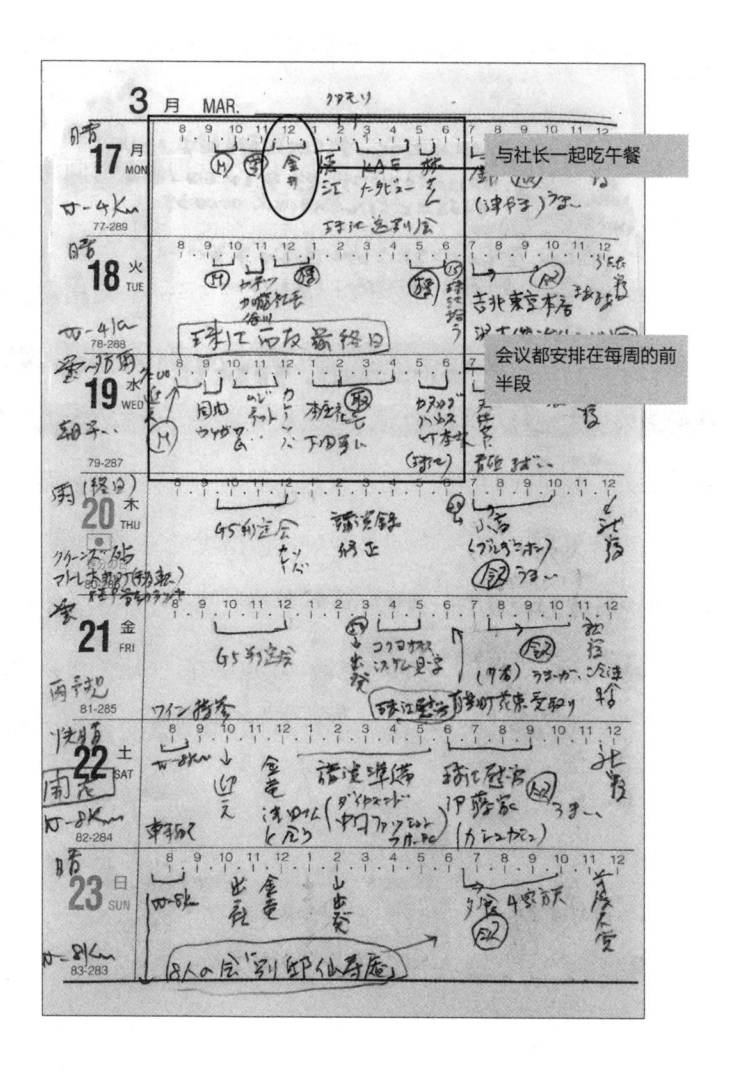

> 与社长一起吃午餐

> 会议都安排在每周的前半段

一个人的职位越高，他的日程表就越紧凑，但即便如此，吃午餐的时间还是有的。因此，我们可以充分利用午餐时间进行交流。

虽然我有时候也会在与工作相关的人员共进午餐时间谈一些工作上的事情，但在绝大多数情况下都是闲聊。我认为这种闲聊有助于加深彼此之间的了解、增进感情，一旦今后有事相求也更容易向对方开口。**每个人的价值观和关注的内容各不相同，如果我们能够事先把握对方的情况，那么和对方交流起来就会更加顺畅。**此外，如果我们掌握了员工家庭与健康的相关信息，那么在进行人事调整和工作安排时就能更好地做出决策。

我是一个很喜欢交际的人，十分支持"酒会交流"。我在年轻的时候就积极参加类似的社交活动，但在担任社长和会长之后，我就很少有和员工一起喝酒的机会了，因此我只能将"酒会交流"换成"午餐交流"。

当然，如果我想邀请的刚好是个不喜欢喝酒的年轻人，那么"午餐交流"正好是一种很合适的方式。

06
有效利用时间的方法②：
充分利用碎片化时间

有限的时间有助于集中精力

一个人的职位越高，参加会议和接待访客的安排就越多，自己能够自由支配的时间就越少。有时候，我在一整天中只有两场会议之间的30分钟是可以自由支配的时间。

因此，如何利用好碎片化时间就显得尤为重要。

我一般在会议临近结束的时候就会翻开记事本，思考哪些工作能够利用接下来的碎片化时间完成、安排工作的优先顺序并估算完成工作需要的时间，比如用一分钟检查邮件、用五分钟回电话。我会从优先度高的工作开始，逐一完成工作任务。

这样我就可以从最初的一分钟开始将碎片化时间全部利用起来。因为碎片化时间很短、很宝贵，所以一点儿也不能浪费。

此外，有限的碎片化时间更容易使人集中精神。如果能够集中精力的话，30分钟足够用来收集和查阅资料，或者制作一份简单的资料。

在一段碎片化时间内做不完的工作，也许用两段碎片化时间就能够完成。因此，估算工作时间的能力也很重要，我们必须锻炼这方面的能力。

不过，我们有时也会遇到必须连续工作一两个小时才能完成任务的情况。在处理这种工作时，我会在周六或者周日找时间到公司将其完成。当然，这并不意味着在家就不能工作，但我更喜欢在公司工作。因为对我来说，家是享受私人生活的空间，不适合进行需要追求效率的工作。与之相对，公司的环境则能激发我的效率意识，而且在公司的时候，查找参考资料更方便，因此我认为如果需要加班的话，还是在公司工作更方便。

07 有效利用时间的方法③：
要在24小时之内回复调整日程表的请求

尽快回复，不浪费双方的时间

每个人都很珍惜自己的时间，但往往不那么重视别人的时间。

比如有人向我请求调整见面或者一起吃饭的时间，我在接到请求后，一定会尽可能在24小时内回复对方。因为大家都很忙，如果我拖上两三天才回复，可能会耽误对方的原定计划。因此，为了不浪费双方的时间，我会在24小时内调整好自己的日程表，然后给对方回复。

如果我这边的日程表无论如何都无法调整的话，我也会在24小时内向对方说明情况，并且告知对方具体还要多久才能给他回复。

但是，也有例外的情况，那就是参加同学聚会之类的大型私人聚会。如果我们在接到通知后马上就答应参加聚会，因为距离聚会的日期还有很长时间，一旦中途出现意外情况，那么再调整日程表就非常麻烦了。

为了防止出现这种情况，我有一个"绝招"，那就是==到报名截止日期的时候回复聚会组织者==。这样一来，从答应参加聚会到聚会的日期中间的间隔很短，我可以立刻确定日程表，也就不用为了因为意外情况调整日程表而苦恼了。

当然，如果大家都这样做的话，那聚会的组织者就该头疼了，因此我在实在没其他办法的时候才会用这招儿。

08
周末专门用来回顾一周的工作（C）

平时将精力集中于"P"与"D"

正如我在前面提到过的那样，我会在周末对一周的工作进行回顾，检查哪些工作任务已经完成了、哪些工作任务还没有完成，然后为下一周的工作做好准备。

从周一到周五，我的日程表都安排得非常满，因此我只能踏踏实实地专注于执行计划，也就是说将精力都集中在"P"和"D"上。虽然理想的状态是在每天晚上对当天自己做的工作进行回顾和总结，但因为我晚上经常有应酬，所以无法保证每天晚上都有时间对当天的工作进行回顾和总结。

因此，我选择在周末对一周的工作进行回顾和总结（C），并为下一周的工作做好准备（A）。我是一个做事赶早不赶晚的人，因此我一般都将这项工作安排在周六进行，除了回顾和总结一周的工作之外，我还会对下一周的会议、接待任务以及演讲等工作内容做准备。

● 一周的PDCA

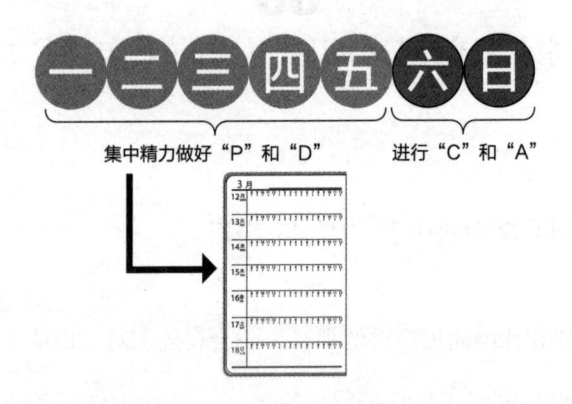

一 二 三 四 五 六 日

集中精力做好"P"和"D"　　进行"C"和"A"

如果下周有会议，我就需要事先确认会议资料；如果下周有客人来访，我就需要事先了解对方的信息。

如果我要做的演讲是之前曾经讲过的主题，那我就会把之前准备的资料再看一遍，然后决定这次演讲的详细内容，制作演讲资料。

在周末进行"C"和"A"的做法，是我使用记事本的方法中非常重要的一项，时至今日仍是如此。

我基本是先做完"C"和"A"之后再开始"P"和"D"的，因此对于我来说，与PDCA相比，CAPD更符合我的实际情况。

第二章
以变革为目的的 DCAP

01 从"D"开始变革

临危受命

在上一章中,我为大家介绍了使用记事本促进PDCA循环的方法。在本章中,我将站在高层管理者的角度,为大家说明PDCA与记事本之间的关系。

我在2001年就任良品计划社长,彼时良品计划的业绩可以说正处于谷底。

2000年2月末,良品计划的股价还是17 350日元,到了2001年2月末,良品计划的股价已经跌到2750日元了。曾经市值达到4900亿日元的良品计划,仅仅过了一年市值就缩水到了原来的六分之一,只有大约770亿日元。也就是说,良品计划的市值减少了大约4100亿日元。

我就是在这样的背景下就任良品计划社长的。

● **就任社长时的记录**

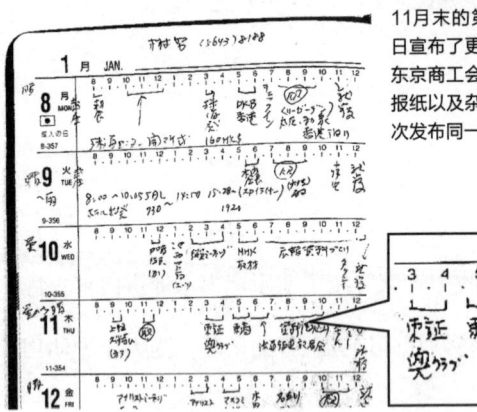

2001年1月11日的日程表上写着"东证记者俱乐部"。良品计划在2000年11月末的第三季度的季度报告发布日宣布了更换社长的决定。随后又在东京商工会议所面向普通报纸、专业报纸以及杂志,在同一天内召开了三次发布同一则消息的新闻发布会。

从执行开始的每一天

一般来说,PDCA应该从"Plan"也就是计划开始,但我就任社长的时候,良品计划已经处于生死存亡的紧急关头,根本没有时间让我深思熟虑地制订计划。我能做的就是先从能解决的问题开始做起,每天的工作就是执行、执行、再执行(D)。我在就任良品计划的社长之前,担任无印良品网络销售公司社长,主要负责网络销售业务,所以对良品计划总公司的经营情况并不十

● 总结就任社长的"抱负"的年末一页

我将自己在新闻发布会上讲话的内容作为"抱负"记录了下来。现在回过头来再看，我感觉自己并没有说到点子上。毕竟我在2000年12月末才就任社长，而新闻发布会是2001年1月11日召开的，在那么短的时间内，我还没有完全了解具体的情况。

分了解，一时间找不到导致良品计划整体业绩不佳的真正原因。我在此之前也没有多少去门店实地考察的机会，根本不知道现场的情况究竟是怎样的，因此我先采取的行动就是去现场进行实地考察。

● **紧急状况下的PDCA循环**

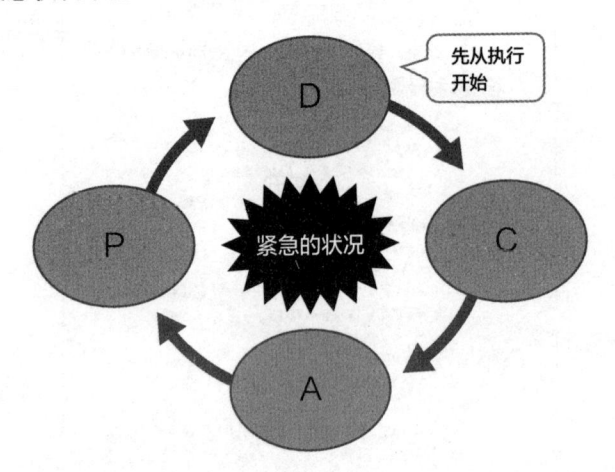

```
        先从执行
          开始
      D
   ↗     ↘
  P   紧急的状况   C
   ↖     ↙
      A
```

因为我认为这是最重要的事情，所以必须立即开始行动。

PDCA循环不一定非要严格地从"P"开始，在处于紧急状况下，先要将该做的事情做好，也就是从"D"开始，我认为D→C→A→P→D→C……这样循环也是完全没有问题的。

02
先用"D"获取现场的信息

为什么我先考察日本全国的门店？

我在就任社长后采取的第一项行动就是在日本开展"全国考察",目的是对门店进行实地考察并与日本各地的店长面谈。无印良品的门店分布在北海道地区、北日本地区、东京西地区、中京地区等九个区域。我在抵达每个区域后都会将该区域的店长召集到一起,向他们告知公司的现状并询问现场的实际情况。

良品计划之所以业绩不佳,并非因为受到竞争对手(优衣库、宜得利、百元店和药妆店)的冲击,而是因为自身存在很多问题。比如商品开发的方法跟不上时代发展,不能开发出满足顾客需求的商品;组织官僚化导致内部沟通不畅;无法把握问题的本质等。我和店长针对组织的现状以及扭亏为盈的方法等内容进行了交流。只不过因为我那时也没有准确了解良品计划当时的状况,所以我和他们之间交流并不深入。因此,我实地考察的目的主要是通过与店长交流了解现场的情况。

==在进行实地考察时,我认为最重要的一点就是绝对不能只是在门店里转一圈就结束。针对如此正式的上级考察,身处现场的店长肯定不敢实话实说,他们说的都是事先准备好的内容。==一旦他们说出来的内容和我在董事会会议上听到的报告内容不一样,那么他们回头肯定会遭到顶头上司的惩罚。毕竟他们之前多多少少都吃过这样的苦头,所以不可能直接对我说实话。

因此,我在考察完门店之后,都会要求他们提前闭店,然后大家一起找个地方喝一杯,这就是所谓的"酒会交流"。大家刚开始聊的内容也都是无关痛痒的话题,但酒过三巡之后,店长就逐渐说出心里话了。他们提出的真实的意见果然和我在董事会会议上听到的报告不一样。

比如公司的状况和采取的应对措施并没有被准确地传达给他们。之所以出现这种问题,可能是因为他们的上司自己也没有准确掌握状况,也可能是信息传达得不到位。于是,我决定以后亲自出席店长会议,将内容直接传达给店长。

当然,我在董事会会议上听到的报告并不都是谎言,但也并非100%真实的信息。

销售负责人肯定不会在董事会会议上汇报自己"没做到"的内容，而是专门挑那些自己做到了或者能做到的事情汇报。

<u>如果不能准确了解现场的情况，我就无法做出正确的经营决策。</u>但是如果我直接向店长询问现场的状况，然后在经营会议上提出问题，敢于直言进谏的店长事后肯定会被顶头上司责备。因此，我后来就要求每天都去店里巡查的人向我如实汇报店里的情况。

实地考察的好处

随着业绩不断恶化，公司总部的会议一场接着一场。但因为各项经营指标都很不理想，所以消沉的气氛逐渐在公司内部蔓延开来。但在门店，员工们的心气却完全不同。

以店长为首的现场员工全都充满了活力，因为他们觉得"公司正处于危难之际，我们更应该努力工作"。

我是后来才知道这件事的。据说佳丽宝在经营陷入危机时，现场的销售人员仍然保持着饱满的工作热情；日航在陷入困境时，机组人员也没有失去应有的活力。

这些奋斗在现场的员工希望能够通过自己的努力使公司重整旗鼓，因此他们一直坚持以热情的态度接待顾客。良品计划的情况也是一样的，店长们全都充满了热情与活力。我在就任社长之后第一时间就和他们取得接触，自己也被他们的热情感染，可以说正是他们给了我重振公司的勇气与信心。

店长每天都要和顾客打交道，对他们来说满足顾客的需求是头等大事。他们最优先考虑的因素永远是眼前的顾客，公司的危机则被摆在第二位。但正因为他们认识到公司处于生死存亡的危急时刻，所以才更加努力地去提高顾客的满意度，希望能够以此来帮助公司渡过难关。他们对自己想要实现的目标和应该做的工作都十分清楚，因此每一天都干劲十足。充满活力的现场为良品计划实现起死回生的目标带来了一线光明。

03
用"D"处理价值38亿日元的积压库存

果断做出"重大决策"

对良品计划在日本的每个门店都进行了实地考察之后，我发现的第一个问题就是积压库存过多。当时正值2月份，门店已经上架了春季商品，但我发现门店的货架上还摆着许多一年前、两年前卖剩下的春季、秋季商品。

虽然这些商品都挂着"减价促销"的牌子，但这些"积压商品"还是对门店的整体环境造成了不良影响。在那个时间段，门店应该销售当年新推出的春季商品，以及接下来即将推出的夏季商品。我立刻意识到了这个问题。

通过了解现场的状况，我大致也能想象出物流仓库的状态了。当我赶到位于新潟县的物流中心时，我发现装有服装等积压库存的纸箱将三层楼高的仓库堆满了，而且像这样的仓库还不是一个，而是三四个。由此可见，良品计划积压库存的数量已经达到了惊人的程度。

出于"如果不先解决这个问题就什么也做不了"的考量，我决定将成本约为38亿日元、总零售价约为100亿日元的积压库存全部销毁。2001年3月中旬，这些库存商品全都被送进位于新潟县小千谷市的焚烧炉中烧掉了。

因为涉及的库存数量和金额都非常庞大，所以后来公司上下都称我的这一决定为"重大决策"。但实际上我对做出这个决定并没有丝毫犹豫和困惑，因为从逻辑思考的角度来说，这是良品计划的唯一选择。

这些积压库存都是即便减价处理都卖不出去的商品，因此我只能选择将其销毁。当时我们也考虑过将其捐赠或者掩埋处理，但结合当时的实际情况综合考虑后，我们最终只能选择将积压库存全部烧毁。当做出"烧毁"这个决定之后，我们接下来只需要按部就班执行这个决定就好了。

烧毁积压库存，就是良品计划当时最应该做的事情。尽管积压库存的价值确实非常大，但只要做出决定，烧毁的过程本身并没有什么难度，只是普普通通的"D"而已。

04 让"C"→"A"自动执行的制度

开始经营改革项目

我在就任社长之后，先从各个区域的店长那里了解现场的实际情况并且对门店进行实地考察，发现存在积压库存的问题，并且将积压库存全都烧毁处理……当这一系列"D"结束之后，我终于可以进入下一阶段"C"了。

我需要知道为什么会出现如此之多的积压库存，于是启动了"经营改革项目"。

==经营改革项目有两个主要目标，分别是结构改革和商品开发改革。简单地说，这就是对当时的做法进行分析和改革，也就是"C"→"A"。==

我在记事本上写着"经"的字样，如第64页所示。这个项目最早是从2001年2月28日星期三开始的。从那以后，每周三下午2点到4点就是召开经营改革项目会议的时间。

● 关于经营改革项目会议的记录

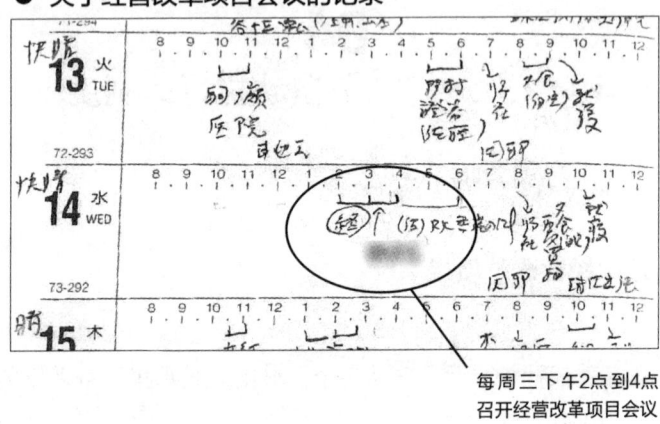

每周三下午2点到4点
召开经营改革项目会议

所有良品计划的高层管理者和部门负责人都要参加经营改革项目会议，参会人数大约为30人。组织召开这么多人参加的会议要花费不少时间和精力，但**考虑到信息共享和让决定下来的事情能够切实执行，将所有相关人员都召集起来开会是最有效率的做法**。

随后我又成立了许多项目组、召开了许多会议，基本上每次会议都要求所有高层管理者和部门负责人参加。

经营改革项目涉及的范围从重新设计服饰类商品到制订生活杂货的促销方法，可谓五花八门，但最重要的一点是固定在每周同一时间召开会议，因为时间固定的话，就可以保证参会者不会在这个时间安排其他工作。

经营改革项目是改革的重中之重，所有高层管理者和部门负责人都必须参加，为了实现这个目标，最好的办法就是在每周固定时间召开会议。经营改革项目会议固定在每周三下午2点到4点召开，这样一来即便是没有用记事本进行日程表管理习惯的人也不会忘记了。

我这样做也是为了向全体员工传达一个信息，那就是"现在管理者的工作重心就是经营改革项目"。

经营改革项目组的工作是对现在的工作方法（D）进行评价（C），并提出改善方案（A）。通过决议的改善方案将被落实在每一天的日程表上，经过实际尝试后，经营改革项目组会对改善方案再次进行评价，谋求进一步改善。通过重复上述过程，最终达到实现结构改革和商品开发改革的目的。

● 经营改革项目的DCAP

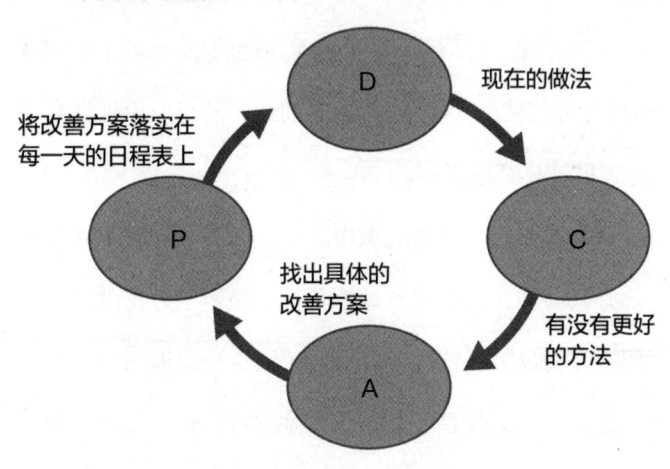

```
         现在的做法
    D ────────→
   ↑              ↓
将改善方案落实在        
每一天的日程表上       C
   P              ↓
   ↑         有没有更好
    ←──── A    的方法
      找出具体的
      改善方案
```

这就是通过每周召开进行"C"与"A"的会议，使PDCA循环在公司内部自动循环起来的制度。

后来，因为大家提出周三下午外出的情况比较多，所以经营改革项目会议改为每周二下午2点到4点召开，一直持续了三年左右。当良品计划的经营状况重新回到正轨之后，主要应对紧急状况的经营改革项目组也逐渐被经营会议、业务标准化委员会会议以及人力资源委员会会议等取代。

05
用"C"剔除掉不合格的"D"

为什么每个成员都很优秀，但组织无法发挥出应有的力量呢？

我为大家介绍一下经营改革项目的具体事例，我认为最具代表性的事例是如何防止服装类商品过量生产的改革项目。良品计划的服装管理非常分散，女装由女装的负责人进行商品管理，男装由男装的负责人进行商品管理，童装由童装的负责人进行商品管理，也就是说每一个品类的服装都有专人负责。

虽然每个负责人都是用电子表格记录、管理数据的，但每个人记录数据的格式各不相同，而且出现过因为某一品类的负责人辞职，结果其他人谁也不知道该品类前一年的销售业绩的情况。

这就是"个人主义"和"经验主义"导致的问题。虽然每个人都希望尽自己所能做到最好，但组织整体并没有实现最佳状态，无法发挥出应有的力量。

于是，经营改革项目组决定统一记录数据的格式，不只是服装，生活杂货、食品等各类商品都要按照统一的格式制作记录数据的资料。

这样一来，不但所有商品的销售情况一目了然，而且便于进行比较。当一款商品上市三周之后，负责人就要制作一份这款商品的销售报表，以此判断如何对该商品的产量进行调整。通过建立这样的制度，良品计划成功解决了过量生产的问题。

或许有人会想，"原来就是这么简单的事情啊"。确实，逐一把握执行情况，并且进行评价和改善，并没有什么特别之处。

说起变革和改革，可能大家的印象都是彻底颠覆现状，完全改变原有的做法，像施魔法一样让组织焕然一新，但我并不是魔法师，也没有什么特别的技术和法宝。

因此，我只能**在力所能及的范围内，一步一个脚印，将能够改善的地方做好，通过不断积累这些微不足道的改善实现改革。**

06 高层管理者要身先士卒推动"D"

一年关闭十分之一的门店

在推进经营改革项目的过程中，我还采取了关闭亏损门店的措施。

良品计划的业绩不佳，主要是因为门店销售情况不理想。因此，当时有很多门店处于亏损状态。

从改变商品开发的方法到实际推出新商品至少需要一年时间。以良品计划当时的情况来看，必须改变处于亏损状态的门店的经营状况，见效最快的办法就是降低门店的运营成本。于是我身先士卒，带领所有高层管理者分头去和商场沟通谈判，要求降低租金。

当然，这种事在一般情况下都是由门店负责人自己和商场沟通谈判的，但当时的状况比较特殊。**在非常时期，如果高层管理者不亲自出马的话，像这样困难的沟通谈判是不可能取得成功的。**

我们和LUMINE①、ATRE②、PARCO③、日本永旺集团（AEON）以及伊藤洋华堂等大型商场进行了降低门店租金的沟通谈判，得到的回应大多是"现在的房租已经很低了"。但实际上他们采取的是浮动房租制，因为门店销售情况不理想所以房租也随之降低。这就意味着如果门店今后销售情况恢复的话，房租也会随之增加。

因为我们希望"降低租金"，对方希望"增加租金"，所以不管如何沟通谈判也很难达成共识。最后对方干脆给我们下达了驱逐令，从结果上来说，在那一年，我们关闭了大约十分之一的门店。

当然，有些商场答应了我们的"无理"要求，使我们许多门店得以幸存下来，但每次沟通谈判都是一场硬仗。

关闭亏损门店并不是因为我们早有计划（P）才开始执行的，而是迫于亏损的压力，为了减少亏损金额，采取设法降低租金的行动"D"导致的结果。

在此基础上，我们还实现了对门店进行评价"C"后再开设新门店"A"的PDCA循环。

---

① LUMINE是经营车站大楼型商场的企业，为东日本旅客铁道（JR东日本）旗下的企业。
② ATRE是以东京为中心，在日本关东地区与JR东日本联手打造车站上方复合型商业设施的公司。
③ PARCO（巴而可）于1969年开业，是日本最著名的连锁购物中心之一。

关键在于"成长"而非"膨胀"

良品计划之所以有这么多的亏损门店,主要原因在于此前缺乏计划性和目的性地大规模扩张。

20世纪90年代后半段,虽然良品计划的业绩喜人,股价表现不错,但西武流通集团如同风中的残烛一般陷入了巨大的危机之中。由于全家便利店和良品计划的股票是重建西武流通集团的关键资产,所以良品计划不得不采取设法维持高股价的经营策略。

购买股票的投资者最关注的是企业的发展空间。投资者当时普遍认为,业绩优秀的良品计划只要不断开设新门店,销售额就会继续增加,利润自然也会随之增加,因此良品计划为了维持高股价只能不断地开设新门店。

一般来说,企业用于新开门店的投资应该是总销售额的4%—5%,但当时良品计划用于新开门店的投资高达销售额的40%,也就是开展了约为正常速度10倍的"开店攻势"。可以说,这是一脚将油门踩到底了。

这种情况在海外也一样,尽管当时良品计划在欧洲只有5家门店,但此前的良品计划高管团队甚至提出要在欧洲开设50家门店的荒唐计划。

不追求品质盲目扩张属于毫无意义的"膨胀",因此新开的门店都变成了亏损门店。

企业经营中最难的一件事就是扩张。像当时的良品计划那样大举扩张,最后却惨淡收场的例子屡见不鲜。

为了实现高品质"成长"而非"膨胀",企业必须控制扩张的速度。这就是"盲目扩张"给我们留下的教训。

因此,当我就任社长一段时间,良品计划的经营状况恢复到良好状态之后,即便当时良品计划有能力在海外新开设100家门店,我仍然将新开门店的数量控制在50—60家,因为我深知"实现成长是最难的"。

07 第二次、第三次"C"和"A"的意义

让相关负责人亲眼看着商品被烧毁

虽然我做出了烧毁价值38亿日元积压库存的决定，但因为积压库存的数量实在过于庞大，所以无法一次全部烧毁，必须分几次进行。在每次烧毁积压库存的时候，我都会带着相关商品的负责人一起前往焚烧现场。

自己公司开发和生产的商品因为卖不出去而最终全都被烧毁，眼睁睁地看着这些耗费了公司员工大量时间和精力生产出来的商品被扔进焚烧炉，逐渐被烧成灰烬，我感到非常难受。

可想而知，这些商品的开发负责人在看到这一幕时会是怎样的心情。

但这就是严峻的现实，如果自己不能设法避免出现这个令人痛心的结果，那么身为商品开发工作的负责人就必须有勇气面对自己开发的商品被扔进焚烧炉的场面。

在后来的会议上，有人坦言当时的情景"给自己很大的触动"。这正是我那样做的目的，我希望他们能够牢记这份悔恨，并在今后的工作中起到应有的作用。

但是，在前方等待着我们的是更为严峻的现实。

一次失败，不足以给人留下深刻的印象

经过烧毁处理后被彻底消灭的积压库存，仅仅过了半年就再次出现了。

当时，为了避免出现因为库存不足而导致断货等情况，良品计划对预期销量可达100件的商品要准备150件的库存。但是，因为当时服装类商品的销量只有前一年同期的66%，那么150件减去66件就等于84件，相当于有一半以上的商品都没有卖出去。

这些积压库存再次被烧毁处理。

<u>人们往往无法从一次失败中吸取教训。</u>哪怕导致销量不佳的原因真的出在自己身上，人们也往往会找到诸如"黄金周一直在下雨""今年的梅雨期太长了"之类的借口，甚至有时候还会将原因归结为自己的运气不好。

结果，人们就会第二次犯下同样的错误，但当第二次犯下同样的错误之后，就没办法再找借口了。人们这时候终于能够承认是因为自己的错误才导致失败的，开始认真思考失败的原因。由此可见，要想发现问题的本质，或许最少需要失败两次。

在PDCA循环之中也是一样，第一次"C"和"A"，或许并不能真正让我们找到问题的本质，但通过第二次、第三次"C"和"A"，我们往往能够发现问题的本质，从而能够进行改善。

从这个意义上来说，多次重复PDCA循环是非常重要的。

08
用倒推法在初期确定日程表

从6月开始准备8月末的良品集会

良品计划每年举办两次被称为"良品集会"的半年经营方针发布会。在我就任社长后的第一年——2001年，当年的记事本上，8月31日的日程表上写着"（举办）良品集会"。

在举办良品集会之后的第二天（9月1日），公司将进行为期两天的合宿①活动。各个部门的负责人先在良品集会上发表下半年的经营方针，紧接着在第二天开始的合宿活动中，大家根据经营方针制订具体的执行日程表。

因为良品集会与合宿活动是连在一起进行的，所以至少要提前一个月做好准备，并且通知所有高层管理者和部门负责人。

---

① 合宿指多人出于共同学习、研修等目的，在一段时间内吃住在一起，充分交流感情和培养团队精神。

● **我就任社长后第一次参加良品集会的记录**

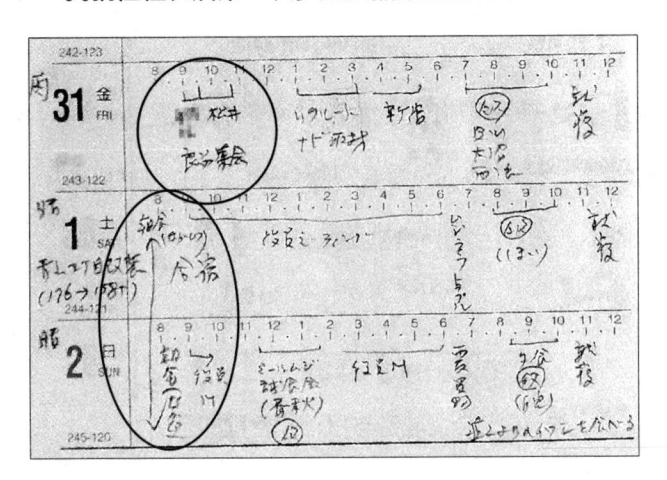

在这个时候，良品计划还会对下半年的人事安排进行调整。如果部门负责人没能取得预期的成果，那就需要撤换部门负责人。

考虑到这一点，倒推一下时间，因为需要提前一个月通知参会人员，所以在7月末的时候，各部门的负责人就必须确定下来，而决定是否更换部门负责人大约需要一个月，那么在7月初就必须召开改组会议。

既然要在7月初召开改组会议，那就必须提前两周通知参会者具体的会议时间。

参考记事本上的日程表，为了给自己留出比较宽裕的时间，因此会议组织者最好在6月初就将会议内容通知给相关人员，提醒他们做好准备，这样才能够在7月初准时召开改组会议。

如果不提前做好准备，后面的日程表就会塞满工作安排，让人喘不过气来。会议本身固然重要，会议的准备工作也同样重要。

准备不充分的会议很难取得理想的成果。

● **重大会议准备与日程表管理的示例**

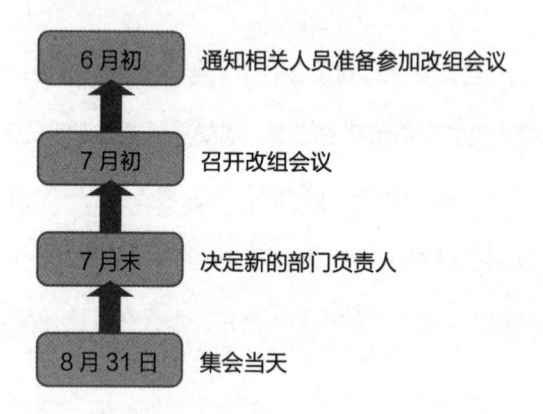

- 6月初　通知相关人员准备参加改组会议
- 7月初　召开改组会议
- 7月末　决定新的部门负责人
- 8月31日　集会当天

09
安排会议的方法

做好不能一次得出结论的准备

除了每周召开的经营改革项目会议和经营会议,以及每两周召开一次的董事会会议这样的定期会议之外,还有一些会议要连续多次召开直到得出结论为止。

前文中提到的改组会议就属于这类会议。参考我在记事本上所写的内容,7月3日写着"下次组织协商",在一周后的7月10日也写着"组织",再往后约一周的7月18日写着"取",这是"取缔役会"的缩写,意为董事会会议。

7月3日是第一次会议,从下午1点到5点,会议时间长达4个小时,参会者将在会后思考这次会议上没能确定的问题,7月10日召开了第二次会议。经过两次会议讨论后决定的改组方案将被提交到7月18日召开的董事会会议上进行审批和决议。

● 安排会议的方法示例

·第一次会议

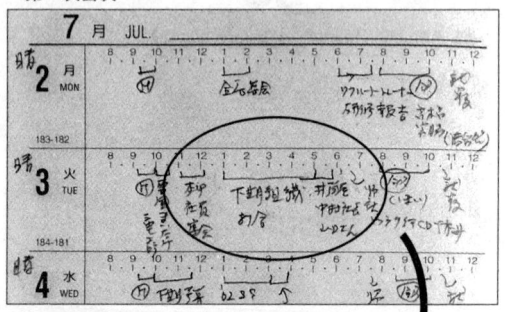

·第二次会议（第一次会议召开一周后）

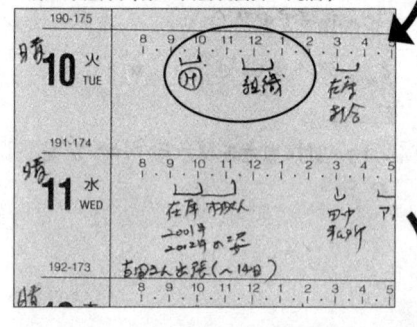

考虑到第一次会议无法得出最终结论，事先安排好第二次会议。

·董事会会议（第二次会议召开一周后）

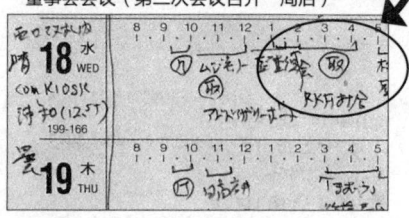

在董事会会议上做出最后的决定。

在商讨重大决策的时候，不管准备做得多么充分，都很难在一次会议上得出最终的结论。在绝大多数情况下，即便在会议上对80%—90%的内容做出了决定，但还是会剩下10%—20%的内容无法达成共识。

因此，<mark>在制订会议计划的时候，我们要考虑到无法一次做出决定的情况，事先安排好第二次会议的时间。</mark>此外，无法达成共识的部分往往难以通过讨论和交流解决，最终只能由最高负责人做出判断，因此第二次会议的时间有一小时就足够了。

要想让各部门的负责人参加于9月1日开始的合宿，董事会就必须在7月末之前确定各部门的负责人。因为董事会会议在7月18日举行，所以在此之前的时间正好可以安排两次会议。

两次会议之间之所以间隔约一周，是为了让参会者能够冷静下来进行思考，同时也有时间做好准备。

在商讨重大决策的时候，我都会采用这种模式，先在第一次会议上给出充分的时间，让参会者将自己想说的话全都说出来，无法当场做出决定的内容留待下一次会议讨论，然后由身为社长的我做出最终的决定。

曾经有人这样对我说："你看起来好像是在认真听取别人的

意见,但其实你从一开始就已经想好结果了。"

其实他说的话没错。因为只要以事实为依据进行逻辑思考,绝大多数人都会做出同样的结论。可能会有少数人因为立场不同而提出对自己有利的意见,但我身为社长必须从公司的整体利益出发,做出自己的决定。

但是如果我从一开始就提出自己的观点,很有可能遭到大多数人反对。因此,我最好的做法是先听取大家的意见,然后根据自己的判断做出决定。这就相当于让大家憋在心里的情绪有了一个释放的空间。

听取意见不仅有助于参会者释放情绪,更能够让我了解参会者的真实想法。

特别是在决定部门负责人人选的时候,这样的会议能够让大家了解各部门负责人和高层管理者对候选人的看法。

多听取他人对候选人的看法,不但能够让我获得仅从个人的角度无法获取的信息,还能够让我了解各部门负责人及高层管理者对员工的看法以及他们的思维模式。

人们都倾向于只将自己好的一面展现出来,特别是在自己的上司面前,更会努力表现出好的一面。因此,领导者在选人的时候往往容易因为片面的印象而做出错误的判断。

在会议上细心观察参会者的表现，我们经常能够发现其与平时不同的一面，因此通过在会议上对员工进行观察，能够弥补平时交流不足的问题。

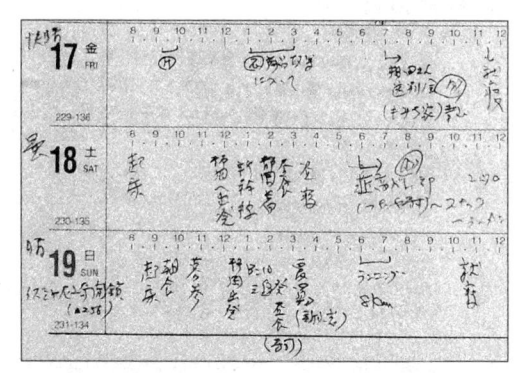

我于2001年1月就任良品计划社长，一直到8月18日，我才第一次休息，参加高中时代排球部的同伴在伊豆举办的庆祝会。

10
"P" 不能只喊口号而不执行

亲自制订经营方针

说完了PDCA的"DCA",接下来终于轮到Plan(P)了。我就任社长之后制订的第一个正式的"P",就是2001年下半年度的经营方针。

在良品计划还在西友百货旗下的时候,良品计划的社长在经营方针说明会上的发言稿实际上是经营企划室的室长写的,社长只是照着原稿读一遍而已。员工们隐隐约约也能觉察这种情况,所以基本没人认真听社长的发言。

我认为这种状况很有问题,于是决定自己写经营方针的发言稿,在良品集会召开前一周,我会专心制作经营方针的相关资料。

通过翻阅当时的记事本,我发现自己在那一周每天都工作到凌晨三四点钟。我之所以对自己写发言稿这件事这么重视,是因为我觉得如果不用自己的话进行说明,就无法将自己内心的真实

想法准确地传达给员工。

自己写的发言稿之中蕴含着自己的热情，更重要的是能够将自己最想说的话用通俗易懂的语言表达出来。如果想说的内容不能让对方明白，那就没有实现交流的目的。

在2001年8月为止的上半年度，良品计划已经成功地降低了亏损金额。但要在2001年度内彻底扭转亏损的局面，下半年度的经营计划是至关重要的。因此，我在制订经营方针上投入了大量精力。

在良品集会结束之后的合宿活动中，我和各部门负责人的主要工作就是将经营方针落实到每一天的日程表上。

正如我在前面说过的那样，这个世界上根本没有只要发布了经营方针就能严格执行的组织。领导在会议上提出的方针政策，员工往往过了一周后就全都忘了。

经营方针的"P"只有落实为日程表的"P"，才能得以执行。我们只有在执行后进行评价，思考改善方案，然后再次制订计划、确定日程表，让PDCA循环运转起来，才能使经营方针最终得以实现。

很多企业都会每半年举行一次经营方针发布会。但是，很多企业在发布完经营方针之后没有相应的举措，并没有将经营方针的"P"落实到日程表计划的"P"上。

如果各部门都发布了自己的经营方针，那么在公司管理层集体研修的时候，大家就可以立刻将这一方针落实到每个人的日程表中，从第二天开始执行，然后通过经营会议、经营计划会议、商品战略会议、客户集会等定期召开的会议对各个方针的执行情况进行确认。

如果能够坚持追踪，保证决定得到"100%执行"，那么之前写在纸面上的方针政策就可以全部变为现实。会议的目的就是让"决定得到执行"，因此只要是已经决定了的事情，我们就一定要设定截止日期，并且在截止日期前通过会议确认执行情况。高层管理者每天的工作基本上就是不断重复上述过程。

最终，经营方面的所有问题只能通过每天的工作来解决。

11
半年的经营方针也要保持PDCA循环

在短期内无法取得成果的情况下，仍然应当坚持继续前进

因为在半年后必须搞清楚过去半年经营方针的执行情况，所以Check（C）是必不可少的。但是即便坚持PDCA循环，并且定期通过会议确认方针的执行情况，仍然有一些计划无法达成。对于这样的计划，我们就需要思考"为什么没能达成"（C），然后在下一个半年方针中加入改善措施（A）。

这种方法能够保证只要提出的方针得到有效执行，组织就能够成为可以实现方针的、拥有强大执行力的组织。

一般来说，长达半年甚至一年的计划很难在短期内取得成果。因此，高级管理者需要坚信计划"一定能够取得成果"。

那么在这种短期内无法取得成果还必须坚持继续前进的情况下，高级管理者最需要具备什么素质呢？

我认为是责任意识。身为高级管理者，一旦做出了决定，那

么不管未来发生的情况是否在自己的预料之内，都必须坚持到取得成果的那一刻。

良品计划在我就任社长的头两年，各项经营指标其实都很不理想。虽然良品计划2001年度在非常困难的情况下仍然有1300万日元的利润，没有出现亏损，但和2000年度56亿日元的利润相比出现了大幅下滑，在销售额增长的情况下利润却大幅减少。销售额之所以增长，是因为良品计划仍然坚持继续开设新门店。

针对2001年的经营结果，我开始思考2002年应该采取怎样的经营方针。良品计划2002年度的销售额必然会下降，因为良品计划在关闭亏损门店的同时，还要重新思考开设新门店的计划，所以销售额下降是不可避免的。

这样一来，良品计划在2002年度就可能出现销售额和利润都下降的情况，而且是连续第三年利润下降，甚至可能会出现亏损。我无论如何都要避免这种情况出现。

于是，我决定设法让"利润增长"。如果销售额和利润全都下降，会严重影响公司全体员工的士气，但如果销售额下降但利润增长的话，至少还能让人看到一丝希望。

在无法提高销售额的情况下还能让利润增长，只有一种方法。

那就是削减成本。除了原材料和商品的采购成本之外，人力成本、广告成本等所有成本都必须被削减。

许多高层管理者反对我制订的这个方针，他们认为我的做法"过于激进"。

但是，如果不采取这种激进的做法，良品计划就无法避免利润下降，甚至会出现亏损。

我意识到，如果继续维持当时的经营状况，良品计划是很难起死回生的。于是，我力排众议，坚决执行了我提出的方针。

12
根据日程表，适当安排应酬

领导之间关系融洽的话，部下工作起来就会更加顺利

"社长的能力决定公司的上限。"

在就任良品计划社长大概一年后，我意识到了这一点。

为了扩大交际圈，我积极地和客户企业的社长共进晚餐。

通过与客户企业的社长共进晚餐，加深彼此的了解，我的工作果然进展得更加顺利了。因为同为社长，相互之间进行信息交流更加容易，遇到比较好的机会也更容易展开合作。不仅如此，领导之间构筑起良好的信赖关系也有利于部下开展工作。

通过了解其他企业的情况，我意识到"自己公司觉得理所当然的事情，其他公司却不一定这样认为"，从而能够重新审视自己的做法并进行改善。

2002年，我考虑在良品计划建立独立董事制度，聘请非客户企业的社长担任独立董事。因为我觉得要想提高自己的能力，经验丰富的导师是必不可少的。

无论是扩大交际圈还是提高自己的能力，我们都不能被动等待，而应该主动寻找机会。经常确认自己记事本上的日程表，看看自己在一周内安排了多少次应酬，如果一次应酬也没有，那就应该积极地安排一些应酬。

职位越高的人，日程表安排得越早，因此如果我们想见到这样的人，最好尽量提早发出邀请。

专栏　在灾难性的股东大会上救赎心灵

我就任良品计划社长后参加的第一次股东大会，至今让我记忆犹新。当时良品计划的股价已经跌到了最高时期股价的六分之一，而且也看不到任何业绩恢复的征兆，因此良品计划的股东将怒火一股脑地都发泄到我的身上。

就在这场暴风骤雨之中，一位没有对良品计划进行过任何批判，只是静静地坐在第一排的年轻女性吸引了我的目光。在仔细观察之后，我发现她应该算是我的老熟人了。

她是我在1995年担任无印良品事业部部长的时候，因为无印良品的自行车存在缺陷而发生事故的受害者。

由于无印良品的自行车存在安全隐患，导致当时还在上高中的她受伤，下巴缝了七针。当时身为商品部与经营部总负责人的我，立刻亲自登门赔罪。

随后，我们向她报告了导致事故的原因以及防止事故再次发生的措施，并且全程负责她的治疗费用。因为她的伤在脸上，如何保证不留疤痕是最重要的问题。

经过多方调查之后，我们得知警察医院在这方面拥有高超的治疗技术，于是立刻制订了治疗方案，我也多次陪同她一起前往医院进行治疗。

因为她当时尚未成年，不知道伤痕未来的愈合情况，于是我们决定先观察一段时间，即便要做去除疤痕的手术也等20岁之后再做比较好。

事故发生四年后，赔偿相关的工作全部结束，双方签署了和解书。在这个过程中，虽然我的工作岗位和职级发生了多次变化，但这起事故的善后工作是我全程负责的。我认为，一旦做出决定就要坚持到最后。这件事并没有被我记录在记事本上，因为对我来说，真正重要的事情就算没有记录在记事本上也不会被遗忘。

当时事故的受害者，在我成为社长之后出席的第一次股东大会上，就坐在我的面前，显然她也买了良品计划的股票。我觉得她可能是听说我担任了社长，所以特意来看看。

尽管那次股东大会对我来说就像是一场灾难，但在看到她的一瞬间，我开始坚信自己的选择是正确的，只要用真诚的态度去面对他人，就一定能够得到他人的认可。

第三章

用"C"和"A"创建常胜的制度

01 通过PDCA实现改善

第二年的任务是商品开发的结构改革

在上一章中，我为大家介绍了自己就任良品计划的社长之后，先从"执行"开始，按照D→C→A→P的顺序开始PDCA循环的情况。

当面对紧急状况时，我们先要从最紧急的事情开始着手解决问题，然后通过"C"和"A"继续向前推进相关事宜。当危机得到缓解之后，我们才能有时间仔细制订计划（P），开始进行变革。

2002年度，良品计划的经营状况仍然非常严峻。在进行变革的第二年，我为了在销售额下降的情况下提高利润而努力地削减成本。与此同时，我还进行了商品开发改革。良品计划曾经通过烧毁的方式处理了价值38亿日元的以服装为主的积压库存，由此可见，服装类产品的开发工作改革是非常艰难的。

在经营改革项目会议上,我们多次讨论过服装类产品开发工作改革的话题,在对改革的方法进行了仔细分析和讨论之后,我们最终得出的结论是必须从商品开发的结构开始进行改革。

在此前一年里,我们尝试运用PDCA循环进行一系列小规模改革,但在经过检查(C)后我们发现,这些小规模改革都没有取得理想的效果,于是我们决定尝试更大规模的改善方案(A)。

与外部龙头企业合作,生产能够成功占领市场的产品

所谓结构改革,就是让企业的组织结构变得更有竞争力,从而在竞争中取得胜利。但是,当时良品计划的服装类产品一直被消费者认为是"西友超市生产的服装",无法满足消费者的需求。因此,仅凭良品计划自身的实力无法开发出能够满足顾客需求的产品。

服装类产品必须具备"漂亮""时尚""舒适"等特征。要想生产出兼具这些特征的产品,良品计划就必须和服装行业的龙头企业合作。也就是说,良品计划需要借助外部力量提升自身设计、生产服装的水平。那么,究竟谁能够在符合无印良品风格的前提下设计出满足上述要素的商品呢？答案是设计师山本耀司先生。

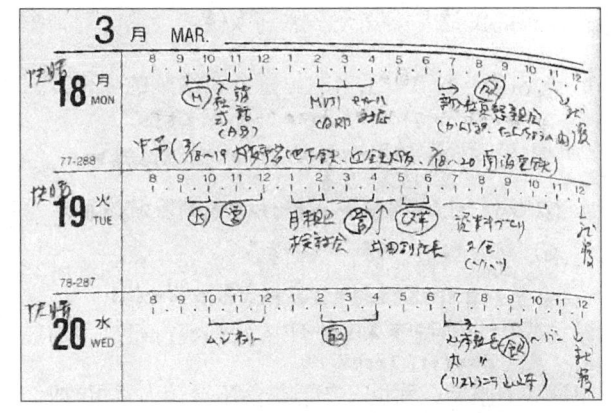

2002年3月20日，我与山本耀司先生一起吃饭的时候，邀请他帮良品计划开发服装类产品。我们后来又见了几次，他终于答应帮良品计划开发2003年的春夏服装。从此以后，良品计划在服装类产品方面开始发力。

经过多次见面商讨之后，山本耀司先生终于答应与我们合作，并且从山本耀司设计公司调来20余名设计总监和设计师，与良品计划商品部的原有成员一起组成了一支总人数接近50人的服装设计团队。

无印良品的衬衫售价大约是2500日元，而山本耀司设计公司的衬衫售价为25 000日元。山本耀司设计公司的衬衫之所以售价比无印良品的衬衫高这么多，是因为无论是设计、版型还是裁剪、图案，山本耀司设计公司的衬衫全都达到了完美的程度。当时，山本耀司先生说过一句话，让我记忆犹新，他说："衬衫第二颗纽扣位置的设计方案是无法靠别人教学会的。"根据衬衫的类型和形状不同，第二颗纽扣的位置会有微妙的变化，只有靠设计师个人的感觉确定最合适的位置。

在山本耀司先生的帮助下，良品计划的服装设计水平很快提高到了世界级水平。曾经参加过巴黎、米兰、纽约等各类时装周的山本耀司先生能够洞察未来一年的服饰流行趋势。通过与他合作，无印良品的服装在面世一年后仍然不会让人觉得过时了。

无印良品的服装变成了"世界级设计师设计的产品"，这种巨大的变化自然逃不过顾客的眼睛。

"无印良品的服装变样了！"

从2003年1月开始，无印良品与山本耀司先生合作的服装类产品终于被摆上了货架。这些服装一上市就被抢购一空，销量也直线上升。

判断是否符合创业哲学

不过在这个阶段，我们还不知道服装类产品开发的结构是否真正发生了改变，今后推出的商品是否还能继续保持这样的销售势头。

直到每个月的销量都保持增长的情况持续了一年，众多顾客也都认为"无印良品的服装真的复活了"，我们才终于认识到自身具备了能够在竞争中获胜的企业结构。

其实在最开始的时候，我并不知道这样做是否正确。即便如此，我也只能坚信自己的选择。

但在这里我必须强调一点，那就是无印良品的服装并不是依靠"山本耀司"这个招牌才卖出去的。无印良品从不会宣传设计师的名字，以商品本身赢得顾客是无印良品的创业哲学。虽然关于这部分内容并没有明文规定，但所有良品计划的员工都清楚这一点。这是不管在任何经营状态下，无印良品这个品牌以及良品计划这个企业，都必须严守的经营哲学，这是我们做出一切决定的出发点和评价基准。

衬衫只能以材料和功能为卖点。无印良品的经典款水洗衬衫由纯棉制成，没有采用任何染色或漂白工艺，也未经熨烫，甚至连外包装都没有。

在剪掉商品标签之后，这件衬衫就再也没有任何商品信息了。无印良品只强调商品的功能性，服装的卖点就是穿着舒适、便于清洗、保暖透气。无印良品通过去除其他信息，让消费者将注意力集中在商品上。

因此，无印良品的商品上从不会出现设计者和生产者的名字。当然，无印良品在做广告时也不会请名人代言。

无印良品认为，商品必须通过自身的价值来满足消费者，凭借设计师的名气和名人效应卖出去的商品，不能被算在销售额里。

无印良品的"不做原则"

除了上面提到的内容之外，无印良品还有几条"不做原则"：不在商品上添加"MUJI（无印良品）"的商标；避免使用强烈的色调，只选用自然色；不在商品上过度增加功能；贯彻简洁的设计风格，门店里只卖无印良品的自营商品。

在我决定将大量积压库存全部烧毁的时候，很多人向我提出，只要将无印良品的标签摘掉然后通过分销商渠道将这些商品减价处理出去，至少可以回收一部分资金。但是，即便将这些积压库存上的标签摘掉，无印良品的商品还是很容易被消费者认出来。这样一来，无印良品将卖不掉的商品转给其他公司低价处理的消息就会不胫而走，而我们好不容易建立起来的品牌形象将受到重创。

无印良品的创业哲学，是判断良品计划的经营方向是否正确最简单、最重要的标准。

虽然无印良品的商品看起来并没有什么特别之处，但在设计上力求能够融入消费者的日常生活正是无印良品的与众不同之处。因此，我们聘请了世界一流的设计师设计无印良品的商品，并且委托日本一流的生产企业负责商品的生产工作，在品质上绝对不作任何妥协。可以说，无印良品的商品无论是在设计上还是在生产技术上都是世界一流的。

或许有人会担心："无印良品的商品看起来都很简单，要是被人模仿了怎么办？"

但事实上正因为简单，无印良品的商品反而更不容易被人模仿。如果把握不了精髓，做出来的东西都是形似而神不似的。

比如我常用的自动铅笔，笔管是用可回收利用的铝制成的，价格大约为500日元。这款自动铅笔不但重量很轻、书写流畅，而且笔芯也不容易折断，在设计上比专业文具生产企业生产的自动铅笔更加简洁，让人爱不释手。

在设计和功能两个方面都达到极高的水准，这就是无印良品的商品最大的特征。如果别人想要模仿无印良品，生产一模一样的自动铅笔，但是价格仅为500日元的话，恐怕是没有利润的。

正如我在前面介绍过的一样，山本耀司设计公司于2000年开始与良品计划合作开发服装类产品，良品计划的服装类产品销量从2003年开始持续上升。于是我在2003年启动了邀请世界著名设计师设计家具和生活杂货等商品的"全球无印良品（WORLD MUJI）项目"。从2004年开始，良品计划的家具和生活杂货类商品的销量也逐渐上升。

因为我知道商品开发需要一年，所以在担任社长之后就开始进行商品开发改革，并且坚持进行PDCA循环。尽管如此，直到我担任社长的第三年，我推动的改革取得的成果才逐渐在数据层面体现出来。

02 用PDCA推进商品开发

重复小规模 PDCA 循环，不断进行改善

在确认了商品开发的流程之后，我接下来就要在半年一次的商品战略会议上决定商品开发的方针，决定具体开发哪些商品。在这个时候，我就要用到在序章中为大家介绍过的商品计划书（P）了。

通过不断尝试和迭代，经历第一版样品、第二版样品……，我们才能完成最终版样品（D）。在这个过程中，需要通过重复小规模PDCA循环来不断对样品进行改善。

最终版样品需要通过顾问委员会的审查（C）。顾问委员会会从品质、理念等多个角度出发，判断该商品是否适合在无印良品的门店销售，比如商品的颜色是否过于鲜艳、装饰是否过于奢华、是否采用廉价的主要材料等，以保证商品符合无印良品的理念。如果发现产品有需要改善的地方，顾问委员会就会给出改善

● 商品开发的PDCA

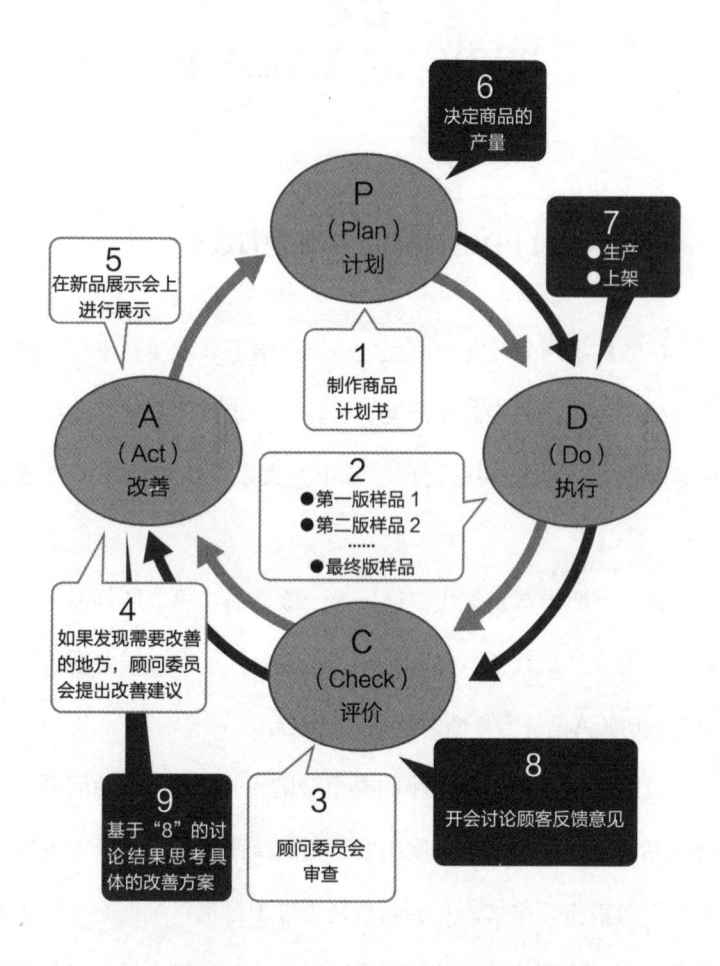

```
         P（Plan）计划
    ┌─────────┼─────────┐
    │         │         │
  A（Act）              D（Do）
   改善                  执行
    │                    │
    └─────────┼─────────┘
         C（Check）
            评价
```

6. 决定商品的产量
7. ●生产 ●上架
5. 在新品展示会上进行展示
1. 制作商品计划书
2. ●第一版样品1
   ●第二版样品2
   ……
   ●最终版样品
4. 如果发现需要改善的地方，顾问委员会提出改善建议
8. 开会讨论顾客反馈意见
3. 顾问委员会审查
9. 基于"8"的讨论结果思考具体的改善方案

建议（A）。

顾问委员会审查合格的商品会在新品展示会上进行展示。世界各地无印良品的员工都会来参加新品展示会，除此之外，还有LUMINE和全家便利店的负责人以及新闻媒体相关人员。新品展示一般会在商品正式销售前五个月之前举办，比如当年11月举办的就是第二年春夏新品的展示会。

新品展示会上得到的反馈意见决定了各种新商品的生产数量（P）。然后新商品就进入实际的生产阶段。新商品最快将于第二年1月份被摆上货架，到第二年4月份，所有新商品都将进入市场（D）。

在新商品上市后，我们要听取顾客的反馈意见，在每周二召开的"顾客意见会议"上评估反馈意见（C），讨论改善方案（A）。不仅新商品要被纳入PDCA循环之中，已有的商品也要被纳入PDCA循环之中。

我们还会在每月召开一次的会议上，对包括新商品在内的所有商品做出改善或停止生产的决定。不那么完美的新商品在经过多轮PDCA循环之后将变成功能和品质都更加优秀的新商品。

03 通过每周进行"C"和"A"以及每月一次的会议改善商品,让商品更加优秀

新商品最好半年后再买

在新商品的开发流程中,有一点特别重要,那就是基于顾客的反馈意见进行"C"和"A"。虚心地听取顾客的意见,认真地对顾客提出的意见和要求进行"C"和"A",能够使商品的功能和品质得到提升。这是非常重要的。

比如我前面提到的自动铅笔,在刚发售的时候也不像现在这么好用。

在这款自动铅笔发售之后大约半年内,我们陆续从顾客那里得到"笔芯很容易折断""书写不流畅""笔芯按不出来"之类的反馈意见。通过逐一解决上述问题,不断地进行改善,这款自动铅笔才如现在这样好用。

汽车也一样,人们常说新车型最好在发售半年之后再买。第一时间购买新车型的车主可能会在驾驶过程中发现很多问题,他

们会将这些问题报告给汽车生产商，汽车生产商就会根据顾客的反馈意见对新车型进行改善。

因此，当新商品上市时，我们最好等上半年，待生产商将主要问题都改善后再购买。

虽然从外观看起来，那款自动铅笔在刚上市时和上市半年后是完全一样的，但是其内部细节进行了多次改善。

我们仔细分析之后就会发现这是一个完整的PDCA循环。我们首先建立商品开发计划（P），然后生产商品并推向市场（D），接着听取顾客的反馈意见（C），对问题进行改善（A），然后不断重复上述步骤。

良品计划拥有自己的零售门店，能够直接听取顾客的声音，这是一个很大的优势。良品计划通过认真听取顾客的反馈意见，并且不断对商品进行改善，就能持续完善商品的功能、提升商品的品质。

良品计划每年通过门店接收的顾客反馈意见大约为5万条，通过电话与邮件接收到的顾客反馈意见大约为12万条，综合起来一年大约能收到17万条顾客反馈意见。客服部门会将每周收集到的顾客反馈意见整理好，在每周二召开的"顾客意见会议"上，

● **商品改善的PDCA**

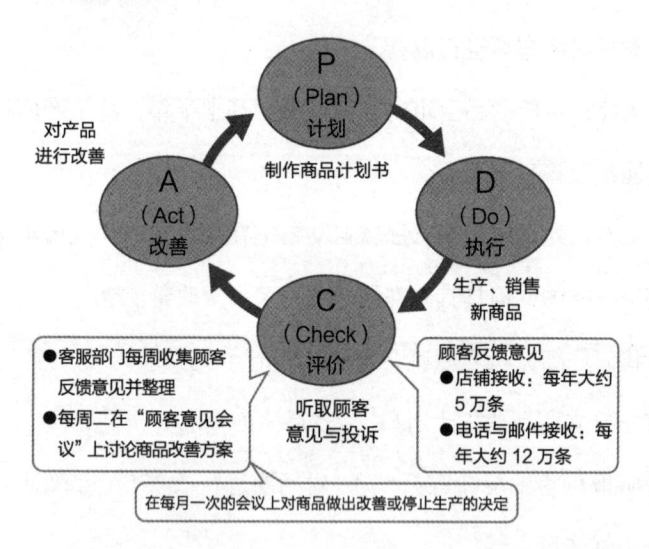

```
                    P
                  (Plan)
                   计划
    对产品                      制作商品计划书
    进行改善
         A                              D
       (Act)                          (Do)
        改善                           执行
                                    生产、销售
                                    新商品
  ●客服部门每周收集顾客        C           顾客反馈意见
   反馈意见并整理           (Check)        ●店铺接收:每年大约
  ●每周二在"顾客意见会        评价            5万条
   议"上讨论商品改善方案    听取顾客          ●电话与邮件接收:每
                        意见与投诉          年大约12万条

       在每月一次的会议上对商品做出改善或停止生产的决定
```

所有相关人员(商品部门、品质管理部门、生产管理部门等)一起讨论如何对商品进行改善。可以说,"顾客意见会议"是对商品进行"C"与"A"的会议。

在此基础上,我们还会每个月召开一次决定对商品进行改善或将商品停止生产的会议,做出"这款商品应该这样改善才能提高销量""这款商品无论怎么改善都不行,干脆停止生产"等决定。

04 用"C"和"A"决定需要取消的工作

检查的关键在于消除无用功

结构改革不应局限于商品开发领域,而应对所有工作方法都进行检查(C)和改善(A)。

说起"检查"和"改善",可能会有人觉得这会增加流程和工作量,但我不这样认为。我在进行检查的时候最重视的就是消除无用功。

<mark>有没有可以省去的作业?有没有可以不做的工作?怎样才能让这道工序简化?这就是我在检查工作时思考的问题。</mark>如果能够将现在所做的工作逐渐简化,那么生产效率肯定会逐步提高。

在良品计划经营状况最差的2001年度,直营店的人事费用率约为11%。在经过结构改革之后,2005年度直营店的人事费用率下降到约8.6%,人力成本降低了大约31亿日元。

虽然降低了这么多的人力成本,但是良品计划几乎没有进行过大规模裁员。那么我都做了什么呢？

我先取消了门店配送大件商品的工作。

有没有"不做就能够提高效率"的工作？

在无印良品销售的商品中，有床、自行车、被褥等大件商品。因为这些大件商品是要送到顾客家中的，所以又被称为"配送商品"。

这些大件商品的销量越高，门店店员的工作量就越大。为什么这么说呢？因为在闭店之后，店员需要用纸箱将这些商品包装好，然后填写快递单、发货。如果能够将这项工作取消，那么店员的工作量将大大减少。

<mark>在对当前工作进行检查的时候，我们应该从效果明显的地方开始。</mark>比如我们可以思考：如果取消这项工作，生产效率是否能够得到大幅提升，以此作为评价（C）标准。

于是我决定对大件商品的配送工作进行改善（A），不再由门店负责发货工作，而是从物流中心直接将大件商品送到顾客家中。具体做法是：接到顾客订单的门店直接将订单信息发送给物

流中心，物流中心在商品包装好后就安排发货，将商品送到顾客家中。

思考有没有更简单的方法

店员需要花费大量时间和精力整理货物。每天早上，店员都要从送货车上将商品搬下来，然后将商品摆在货架上或者搬入库房。当然，这项工作是没办法取消的，因此我们只能思考有没有更简单的方法来做这项工作（Ａ）。

我采取的改善方案（Ａ）是让送货车在路上车辆较少的夜晚送货，并且把门店的钥匙交给司机，由司机将货物直接送到门店里面，比如把装文具的箱子直接放在文具货架旁边。

这样一来，店员在每天早上上班后，就可以在自己负责的区域直接打开箱子取出商品，并将商品摆上货架，节省了大量时间和精力。

将滞销商品做退货处理也是一项非常麻烦的工作。店员必须查出滞销商品的供应商和原价，然后开好单据和商品一起退还给供应商。虽然用机器替代人工能够在一定程度上减轻这项工作的负担，但最好的办法还是取消这项工作。

针对这项工作，我采取的改善方案（A）是"给予店长废弃滞销商品的权限"。如果将滞销商品直接废弃，那就不再需要退货这项工作了。店长在做出废弃滞销商品的决定之后，不需要经过区域经理检查就可以直接执行。对良品计划来说，这就相当于消除了退货工作。

人员减少，指示也会相应减少

在总公司与各门店的沟通方法上也存在着无用功。区域经理每天都会给各门店的店长发送指示，比如"新商品会在什么时候送达，应该怎样在门店中陈列……"，店长每天都会接到许多类似的指示。这样一来，门店的店长和员工就要花费时间和精力完成指示的工作内容。

除此之外，门店还会接到进行问卷调查和提交销售报告书等指示。这样的指示越多，店长和店员的工作量就越大，有时候甚至因为指示太多导致门店的员工根本无法在规定时间内完成所有指示，结果只能选择忽视上级下达的指示，进而导致门店员工的执行力下降。

我采取的改善方案（A）是将区域经理手下的员工数量减少到零。以前每个区域经理手下还有两三名员工，他们给门店下达的指示越详细，门店的工作量就越大。当区域经理手下没有员工之后，他就只能亲自下达指示，这样一来指示的数量就相应减少了许多。随着指示数量减少，门店员工应对指示就游刃有余了，执行力自然得到了提升。

创建能够快速获得所需信息的制度

对于店员来说，回应顾客对商品提出的疑问和咨询，其实也是一项非常繁重的工作。即便只是一个很普通的玻璃杯，顾客也会对其提出五花八门的问题："能不能放在洗碗机里洗啊？""这个玻璃杯的原料是否含铅啊？""这个玻璃杯的产地是哪里？"

即便良品计划对每位店员都进行了关于商品信息的培训，但因为良品计划销售的商品种类实在是太多了，所以店员很难记住关于商品的全部信息。由于现在有很多顾客在来店购买之前已经通过互联网了解了商品的信息,因此经常出现顾客比店员更了解商品的情况。事实上,在整个良品计划中,能够准确回答顾客提出问题的只有两三位与该商品生产相关的员工。

针对这一问题的改善方案(A)是制作"产品信息目录"。良品计划在每个门店中都配置了记录所有商品详细信息的便携式终端设备。当顾客提出疑问的时候,店员可以通过这台设备非常直观地找到自己想要的答案。这样一来,顾客提出的大部分问题都能得到准确的回答。

在有了这台设备之后,良品计划总公司就不需要对店员进行商品信息方面的培训了。随着顾客的提问不断增加,良品计划会不断完善商品信息,设备上记录的信息会变得更加详细,店员就可以更快、更准确地回答顾客提出的问题了。

上述这些做法就是通过减少工作量提高工作效率和人均生产率的结构改革。

如果单纯减少人员,就会导致剩余的员工不堪重负,门店无法正常运转。但是像这样先减少工作量再减少人员,门店就能够继续正常运转下去。

在进行结构改革之后,店员不再需要自己包装大件商品并填

● 各项业务"C"和"A"示例

需要改善的业务 （用"C"来找出）	正确的做法 （用"A"来改善）
门店配送大件商品	物流中心直接配送大件商品
店员搬运货物	改为夜间配送货物，由司机将货物送到相应的货架旁边
滞销商品的退货作业	给予店长废弃滞销商品的权限
区域经理给门店店长下达很多指示	通过减少区域经理手下的员工来减少指示的数量
回答顾客针对商品提出的问题	制作产品信息目录

工作减少 ➡ 人员减少

写快递单、发货，货品的整理和上架工作变得更加简单了，取消了退货作业，指示的数量大幅减少，回答顾客问题的工作也变得更容易了，于是原本需要七名店员的门店现在只需要五名店员就可以了。这种人员的减少并非以增加剩余员工的劳动强度为代价，而是通过对现有工作进行检查（C），提出改善方案（A），合理地减少人员。这使人事费用率降低了2%以上，这正是"C"和"A"带来的回报。

05 成本结构改革的关键也是"C"和"A"

向优秀的企业学习

成本结构改革也是结构改革的一个方面。

之前良品计划的销售管理费（销售费用及普通管理费的总和）占总销售额的34%，为了将这个数字降低到30%，我成立了"30%委员会"。

虽然在实现商品开发的结构改革之后，商品的销量一直保持着良好的上升势头，但销售管理费也随之增加。如果能够减少销售管理费的话，利润将会得到极大提升，使良品计划的组织结构变得更加健全。

于是我针对"门店业务改善""库存物流改善""调配结构""房租设施结构""总部业务"等方面思考了改善方案，从"C"开始按照CAPD的顺序开始PDCA循环，但我很快就发现，由于自身已经完全习惯于现状，所以很难提出真正有价值的改善方案。

正如在对商品开发进行结构改革时，我们通过与山本耀司合作取得成功一样，要想成功实现成本结构改革，我们同样需要借助外部的力量。**通过对优秀企业进行研究，找出这些企业与良品计划的不同之处（C），然后取长补短（A），开始PDCA循环。**

当时无印良品的价签有203种，我觉得数量太多了，于是研究了一下饰梦乐，结果发现饰梦乐的价签只有3种。无印良品按照这个思路将价签的种数减少到97种，减少了50%以上。

我们还将价签的供应商从25家减少到2家。这样一来，我们价签的成本就从5亿日元减少到了2.5亿日元。

佳能在海外设有专门的物流配送中心，负责将海外生产的零件分类整理到集装箱中，然后发往日本。

虽然与在日本进行商品分类整理相比，海外的人工成本更低。但是如果在海外对商品进行分类整理的话，每个包装袋装的零件数量就会减少，导致每个集装箱容纳的零件总数变少，结果使得整体运输量下降。也就是说，每个集装箱之中都会有很多空余的空间。

以良品计划为例，一个集装箱能够运送价值4000万日元的商品，但如果在海外对商品进行整理分类的话，那么一个集装箱就只能运送价值1000万日元的商品，运输量减少了四分之三。

既想在海外进行商品分类整理，又想让每个集装箱能够尽可能多地收纳商品，究竟应该怎样做才好呢？

佳能在这方面就做得非常好。在正常情况下，一个集装箱只能收纳2000个零件，但佳能通过巧妙的设计使一个集装箱能够收纳10 000个零件。众所周知，集装箱的内部空间非常大，为了充分利用集装箱的内部空间，佳能设计了一种专用的立体收纳箱。

这种立体收纳箱可以完美地将零件收入其中，将收纳效率提高五倍。我们学习了佳能的经验，在海外进行商品分类整理，同时保证每个集装箱能够运送接近4000万日元的商品。

我再举一个例子。当时无印良品的门店的卖场面积占门店面积的85%，仓库面积占门店面积的15%。如果能够将仓库面积减少三分之一，将其变为卖场，那么卖场面积就变成了门店面积的90%，销售额也就可以随之提升了。

要想减少仓库部分的面积，就必须降低库存。但是，降低库存可能会导致热销商品断货，这就会导致销售额下降。

● "30%委员会"解决的事例

需要改善的事例（用C来找出）	作为参考的优秀企业	正确的做法（用A来改善）	成果
203种价签，25家供应商	饰梦乐	价签减少到97种，供应商减少到2家	成本从5亿日元减少到2.5亿日元
在海外进行商品整理会导致集装箱的运输量未得到充分利用	佳能	制作集装箱专用的收纳箱	在海外进行商品分类整理降低成本，同时保证每个集装箱能够运输价值4000万日元的商品
未能有效利用店铺空间（卖场面积占85%，仓库面积占15%）	—	将一部分仓库面积变成卖场面积	卖场面积占90%，仓库面积占10%

为了保证门店的库存维持在合理的范围，我们必须准确把握实际的销售情况，并且提高门店下订单的准确度。通过前面所述的统一所有商品的记录数据格式，门店可以更准确地了解商品销售情况，我们顺利地实现了让卖场面积占门店面积90%的目标。

● 每周的"30%委员会"会议

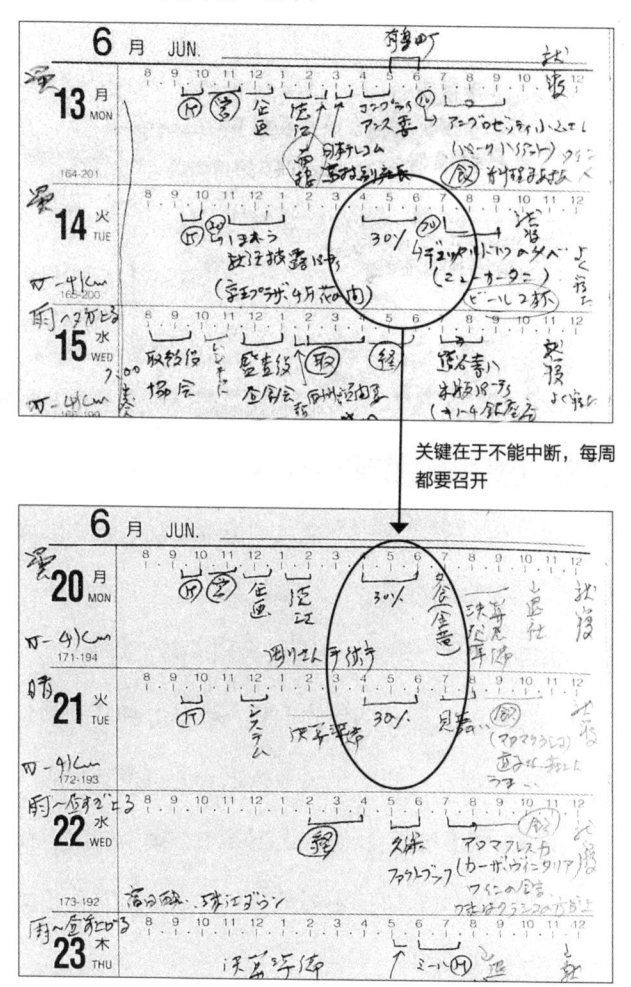

关键在于不能中断，每周都要召开

第三章 用「C」和「A」创建常胜的制度

通过每周的"C"使执行率达到100%

虽然以实现成本结构改革为目的的"30%委员会"是2004年下半年才正式成立的，但在半年内就召开了93次会议。半年总共26周，这就意味着每周要召开三四次"30%委员会"会议，通过在会议上进行"C"和"A"，结构改革的PDCA循环才得以顺利推动。

要想成功实现结构改革，关键在于通过每周的会议对执行情况进行跟踪，千万不能半途而废。如果每两周或者三周才召开一次会议，那么就可能出现执行不及时的情况，结构改革的周期就会大大延长，结果难以迅速取得成果，甚至在不知不觉中不了了之，以失败告终。

比如前面提到的将门店的仓库面积占比从15%减少到10%的事例，我们就必须通过每周的会议确认上一周有多少门店达到了要求，本周有多少家门店预计能够达到要求，剩下的门店在什么时候才能达到要求，只有坚持不断地进行"Check"，才能推动执行率达到100%。

如果良品计划有300家门店，那么这项检查就必须一直坚持到300家门店的仓库面积占比全部减少到10%才行。负责监督执行情况的机构就是"30%委员会"。

我几乎出席了全部93次会议，因为有高层管理者在场能够给会议现场增加紧张感，可以更好地提高监督工作的效率。

反之，如果没有高层管理者参加会议，可能就难以取得预期的成果。因此在"30%委员会"会议和董事会会议的时间发生冲突的时候，我哪怕缺席董事会会议也要参加"30%委员会"会议。

针对项目型会议和为达成某种目的而召开的会议，必须有一个领头人来推动会议向前发展。因为肯定存在不愿意采取行动的人，而决定项目成败或是否能够达成目标的关键就在于如何让这些人行动起来。

如果我不亲自出马，而是委托给别人去做的话，即使执行率能达到95%—99%，也无法达到100%。而将99%变成100%就是身为社长的我的工作。正如给了我很多启发的拉里·博西迪与拉姆·查兰合著的《执行：如何完成任务的学问》中所说的那样，坚持跟踪、检查进度到最后是执行力的试金石，执行力强的领导者都能够坚持跟踪、检查到底。

06
通过第三者的"C"了解现场的真相

讨论所有经营相关问题的监察委员会

为了让良品计划成为执行率能够达到100%的组织,我在每周一都会听取"监察报告"。在记事本上写着"监"字日期的就是我听取"监察报告"的时间。

在对"监察报告"进行说明之前,我想先介绍一下监察的流程以及我需要听取"监察报告"的原因。

当时,我在每周一都会参加经营会议。在经营会议上,我们除了听取经营数据之外,还要对与经营相关的所有内容进行讨论并做出决定。

比如有的门店出现小孩子因为撞到店里的商品而受伤的情况,于是我们在经营会议上决定:将商品尖锐的部分用防撞材料包起来。

● **每周一的监察委员会会议**

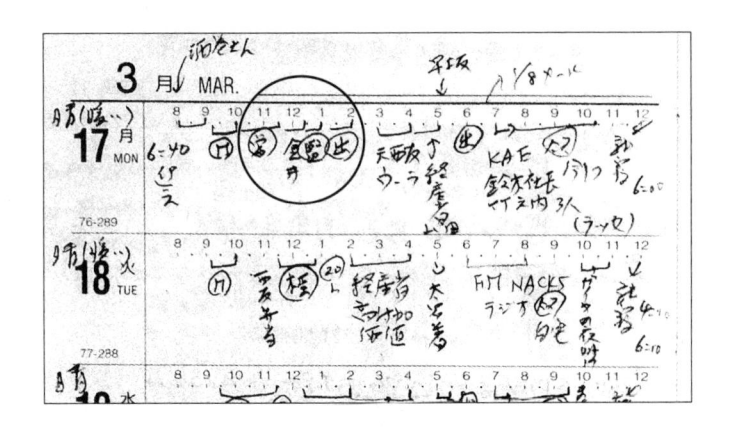

因为不可能在短时间内将门店所有商品的尖锐部分都改成圆形，所以我们当时能够采取的对策只有让门店用防撞材料将商品的尖锐部分包起来（P）。

但是，即便总公司下达这样的指示，也不可能所有的门店都立即执行（D）。尽管销售部会在下一周的经营会议上报告指示的执行情况，但销售部对执行情况的检查并不严格。

比如有的门店并没有将所有商品的尖锐部分都包起来，而是只包好了一部分，这样的门店也被销售部算在"已经执行的门店"里面。

尖锐的部分只有一部分被包好了，这确实算是执行了指示，但与我的要求不符。身为社长的我需要掌握现场的真实情况，于是我设立了"监察室"，专门负责对门店进行巡回检查。

抽查40家门店就能了解所有门店的情况

监察员共有四人，全都拥有担任店长的经验，他们每天上午和下午分别去一家门店巡查，每个人每周能够巡查10家门店，四个人加起来就是40家。监察员在每周一下午将监察结果直接报告给我。虽然报告时间只有短短30分钟，但足以让我了解现场的真实情况。

监察项目大约有200项，这些是监察员的正常业务。如果经营会议上下达了类似"将商品的尖锐部分都包起来"的特别指示，那么监察员还要顺便监察这些指示的执行情况报告给我。

通过监察员抽查的这40家门店，我就可以大体了解所有门店的执行情况。如果在抽查的40家门店里有3家没有将所有商品的尖锐部分包起来，那么在良品计划全部300家直营店中，就有大约20家店没有严格按照我的要求执行。

我会要求销售部的部长和我一起听取监察报告，如果发现问题就直接让他想办法解决。

在第二周再次听取监察报告时，因为此前没执行指示的3家门店会得到特别指示，监察室还会逐一确认其他门店的执行情况，所以基本上得到的报告都是执行率达到100%了。

除了相关部门的报告之外，我还会安排第三方进行监察（C），一旦发现问题立刻采取对策（A）。也就是说，"监察报告"是让"C"和"A"得到准确执行的工具。

07 用"C"和"A"使"无印良品工作手册"进化

为什么"C"和"A"如此重要？

正如我在前面提到过的那样，要想创建起一个能够在竞争中获胜的组织结构和制度，"C"和"A"是非常重要的。甚至可以说，要想让PDCA循环持续下去，除了加强"C"和"A"之外没有任何办法。

很多企业都能做到"P"和"D"，而且做得很好，但能将"C"和"A"做好的企业少之又少。我在与其他企业的管理者和员工交流之后发现，做出决定却又无法得到执行的情况在其他企业中屡见不鲜。但是如果没有"C"和"A"，我们就无法知道"P"和"D"取得的结果，更无法及时地进行改善。

换句话说，只有做好了"C"和"A"的企业才拥有应对变化的执行力，能够使事业得以顺利开展，从而取得优秀的业绩。

良品计划在刚成立的时候执行力也很低，在"C"和"A"方面做得很不到位。

在我就任社长之后，良品计划头两年的业绩仍然很差，因为眼前"必须解决的问题"堆积如山，只能一边解决问题，一边争取让执行率达到100%。

直到第三年，我的努力才取得了成果。于是，我终于有时间开始着手建立让包括评价与改善在内的PDCA循环起来的制度。

其中最具代表性的事例就是对记录了全部门店内业务的"无印良品工作手册"进行改善。这个工作手册可以说是PDCA循环应用的典型案例，是完全按照PDCA循环的要求"不断改善的工作手册"。

每家企业都有自己的工作手册，我只要拿起这个工作手册，马上就能知道其究竟有没有用。我之所以这样说，是因为凡是被装订成册的工作手册，其中的内容往往已经很久没有改变过了。

但在这个无论是人、商品还是服务都在不断地发生变化的时代，几年都没有更新内容的工作手册是派不上任何用场的。

● 1992年的"无印良品门店运营手册"和2017年的"无印良品工作手册"

1992年的"无印良品门店运营手册",采用的是活页文件夹装订。

2017年的"无印良品工作手册",共计13册的文件夹(图中展示了一部分)里分别记录着门店的各项业务。

"无印良品工作手册"的正确使用方法

因为"无印良品工作手册"中记录了门店工作的基本要素，所以每一位新员工在接受新人培训时，都要通过学习"无印良品工作手册"中与自己工作有关的部分加深对工作内容的理解。

门店现场完全按照工作手册上的内容开展工作。无论是新员工还是老员工，采用的都是同样的工作方法。因此只要将工作内容记录在"无印良品工作手册"上，就能保证所有人都采用同样的工作方法，这就是使执行率达到100%的制度。那么，员工在实际工作中究竟应该如何使用"无印良品工作手册"呢？

首先，当不知道自己的做法是否正确时，员工可以通过"无印良品工作手册"确认正确的做法。

其次，员工在日常的工作中可能会发现"这样做或许更好"的改善方案。在这种情况下，员工可以通过门店内的终端向总公司提出改善方案。

比如无印良品的店长必须具备消防管理、酒类销售、食品卫生等九个资格证书。良品计划以前的规定是店员在升任店长之后才开始考取这些证书，但是店长平时的工作非常繁忙，再加上要备考证书的话就更加辛苦了，于是有人提出店员应该在升任店长之前就先考取这些资格证书。

如果区域经理对改善方案进行讨论后认为该方法更加合理，那么总公司相关部门就会采纳这个改善方案，并且对"无印良品工作手册"进行修正。

在2017年，"无印良品工作手册"共有13个文件夹，大概有2000页的内容，每个月根据员工提出的改善方案进行修改的部分大约有20页，占全部内容的1%。也就是说，每年修改的内容大约为12%，这就是"无印良品工作手册"不断改善升级的最佳证明。

08
想办法让PDCA保持良性循环

如果放任自流的话，再好的制度也无法得到执行

PDCA最难的部分是如何使其循环起来，一旦PDCA开始循环，让人切实地感到其带来的便利，那么这种行为就会变成一种习惯，接下来PDCA循环就会自然而然地保持下去。

但在PDCA开始循环起来之后，我们也不能掉以轻心。因为长时间重复同样的事情，会使人在不知不觉中变得懈怠，结果无论多好的制度，也会逐渐得不到执行。

为了避免出现这种情况，我们必须积极获取最新信息，采取恩威并举的激励手段，想尽一切办法让PDCA循环持续下去。

正如前面提到的那样，"无印良品工作手册"之所以能够不断进化，是因为在门店里工作的员工能够不断提出改善方案。但是如果不采取任何措施的话，改善提案的数量会越来越少。因此我采取了许多方法鼓励员工积极地提出改善方案，比如每个提案奖励500日元的奖金；每半年评选一次最优秀提案，授予社长奖。

我还设立了专门的"提案强化月"，让门店之间进行提案比赛。如果有门店提出了20个改善提案，那么只提出了5个改善提案的门店就要努力想办法了。总部会对优秀的提案进行表彰，并且颁发奖金和奖品。

最重要的是，在自己的提案被采纳之后，"无印良品工作手册"上的内容就会相应地进行更改，提案人能够因此获得巨大的满足感和充实感，继而产生出"继续想出优秀的改善提案"的想法。一旦尝到了甜头，人们总是会想尝试第二次的。

"无印良品工作手册"上除了有每项工作的具体方法之外，还写着该项工作的目的。事实上，在工作中确实存在一些让人感觉很麻烦的作业。如果不理解这项作业的目的，很多人就会因为嫌麻烦而不愿意去做。这就是"无印良品工作手册"写明工作目的的原因。

如果工作手册上写明"这项工作的目的是让顾客能够一目了然看到商品，便于顾客拿取商品"，那么员工就会知道这样做是为了提高顾客的满意度，就不敢擅自偷懒了。

这也是"无印良品工作手册"根据改善提案做出的改善升级之一。

如果店员能够时刻将"一切为了顾客"的想法放在心中，尽最大努力让门店的方方面面满足顾客的需求，那么不但能够提高门店的销售额，还能够增加无印良品的忠实顾客数量。

在没有"无印良品工作手册"之前，可以说有100位店长，就有100种风格的门店，但自从有了"无印良品工作手册"之后，每一家门店都成了拥有极高效率的"最佳卖场"。

工作手册和制度并不是制作或者创建完成之后就万事大吉了。这就好像人体需要血液不断循环一样，**要想让工作手册和制度充分地发挥作用，也必须让"血液"循环起来。**

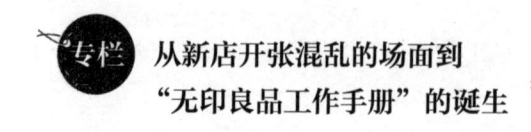

专栏 从新店开张混乱的场面到
"无印良品工作手册"的诞生

我记事本上的内容都是用自动铅笔写的，我从不用荧光笔或其他颜色的圆珠笔。

值得一提的是，我最喜欢用的自动铅笔和橡皮都是无印良品的商品。自动铅笔是有着很细的铝制笔管、能够别在衬衫胸前口袋里的那款。橡皮是像自动铅笔那样按压式的，用起来很方便，但很可惜现在已经停止销售了。不过在宣布停止销售之前我买了很多，一直用到现在还没用完。

因为我只用自动铅笔做记录，所以我的记事本上只有黑色一种颜色。虽然我的记事本看起来很没"颜值"，但只要看到关键词，我都能想起当时发生过什么事情。

我在记事本的1994年9月第2周右侧的页面上写下了"柏高岛屋"。当时发生了一件事，促使良品计划决定制作"无印良品工作手册"。虽然在记事本上并没有记录与这件事相关的内容，但是只要我翻开记事本看到这页，就能想起当时发生的事情。

那时候我刚刚升任无印良品事业部的部长，柏高岛屋店是我担任新职务后开设的第一家门店，因此我在正式开业的前一天亲自前往门店进行检查。到了晚上六点左右，门店的准备工作已经全部就绪，这时一位其他门店的资深店长前来帮忙。

"这样可不行啊，这个地方应该这样弄才对。"

说着他就开始重新布置门店。等门店按照他的建议布置完毕之后，又来了另外一位其他门店的资深店长，他觉得门店布置还是有问题，于是又开始按照自己的想法调整布置。结果两位资深店长互不相让，都觉得自己布置的才是最好的，本来傍晚就准备就绪的门店一直折腾到深夜还没完成准备工作。

我说这些并不是埋怨店长多管闲事或者做得不好。我从刚入职的时候开始就一直在这些值得尊敬的前辈的指导下学习和成长，我与他们之间的关系就像是师徒一样。但就像我前面提到过的那样，有100位店长就有100种风格门店，而在这100位店长之中，大概只有2位能够布置出完美的门店，剩下的98位布置的门店最多也就70分左右。但是从顾客至上的角度来说，所有的门店都必须达到90分才行。

从1994年9月1日开始，我升任无印良品事业部的部长。通过这一年的记事本可以看出，自从升任事业部部长之后，我连周末的日程表都排得很满，在没有休息的状态下连续工作了半年。到目前为止，我只有两次像这样全身心投入到工作中的经历，一次是升任无印良品事业部部长之后，还有一次就是升任良品计划社长之后。

我意识到不能再这样下去，于是决定制作一个无论让谁担任店长都能够布置出完美门店的工作手册。这就是后来的"无印良品工作手册"。

虽然发生了这么多的事情，但在记事本上我却一个字也没提。记事本上只写了"再多派一个人"。因为门店在开业之后销售情况非常好，人手有些不足，所以我就在记事本上记录了需要补充店员的信息。

不过，我清清楚楚地记得那天发生的事情的每一个细节。因为那件事让我深刻地认识到"绝对不能犯经验主义的错误"，所以即便不在记事本上做记录，我也一样能够记住。直到今天，我仍然没有忘记这个教训。

第四章
改变企业文化的 DDDD

01 用"C"和"A"加强内部交流

"从长远来看重要度很高"的工作往往容易被拖延

在上一章中我为大家介绍了"C"和"A"推动PDCA循环的重要作用,通过创建每周进行"C"和"A"的制度提高执行率、对商品持续改善以及修订"无印良品工作手册"等以"C"和"A"为中心的内容。

在本章中,我将为大家介绍我担任良品计划会长之后进行的制度建设与企业文化改革,以及创建新的企业文化的方法。

正如我在前面提到过的那样,社长经常要连续处理紧急度和重要度都很高的工作,比如为了提高销售额而提升销售能力、提高商品质量,让海外的无印良品门店也实现扭亏为盈,创建类似"无印良品工作手册"的规章制度等。这些工作都需要我做出判断并执行,我每天都不断地重复这样的过程。

但是这样一来,那些紧急度不高,但从长远的角度来看重要

度很高的工作就容易被拖延。最有代表性的就是创建企业文化。

虽然创建企业文化这项工作看起来很普通，却是为组织打下坚实基础必不可少的一环，也是会长最应该做的工作。如果会长插手本应由社长负责的"经营"部分的工作，企业的运营工作就会变得不顺畅。这是我在亲眼见过许多企业出现这方面的问题后得出的结论。

我在成为会长之后，先发现的问题就是公司内部交流非常不充分。

经营的胜败是由交流的质、量和效率决定的。当然，这里所说的交流不是单纯意义上的相互之间关系好或者说话方便。交流的量并不是越多越好，保持在一个适当的量是很重要的。至于交流的效率，我就不多做解释了，就是尽可能快地将信息传达出去。

对于良品计划来说，在交流方面最重要的事情就是将高层管理者获得的信息和基层员工获得的信息连接起来。

瓶颈在于"五合目员工"

组织越大,内部的层级就越多。在这一点上,良品计划也不例外,从上到下分别为会长、社长、董事和执行董事、部长……课长、店长、普通员工,属于非常标准的金字塔形组织。在这个金字塔形组织之中,成为交流瓶颈的是被称为"五合目员工"的中层管理者。

如果将这种情况比喻为爬富士山,那么位于山顶的高层管理者可以通过观察发现远处正在逼近的乌云,得出即将下雨的结论。位于山脚处的基层员工则可以通过青蛙的鸣叫声做出判断,知道即将下雨。但是位于半山腰的"五合目员工"无法获得任何信息,因为身处半山腰,无论是向上看还是向下看,都只能看到笼罩着的云层。也就是说,无论是高层管理者获得的信息还是基层员工获得的信息,"五合目员工"都接收不到。

● **组织交流模拟图**

有的企业将处于这种状态的中层管理者称为"黏土层"。因为不管高层管理者"浇多少水（做出指示）"，也都在部长和课长这层被拦住了。因此无论是从上到下还是从下到上，如果想让上下两端的信息联系起来，只能创建一个自动交流的制度，通过"C"和"A"对交流是否准确执行（D）进行检查，除此之外别无他法。

当然，高层管理者之间的交流也很重要。就像我在第一章中介绍的那样，我在就任会长之后，会利用午餐时间与社长进行交流，但仅仅这样是不够的，于是我又定期在晚上组织酒会与其他高层管理者进行交流。这样一来，我就能保证自己每周和社长进行充分沟通与交流（D）。在担任社长的时候，我可以根据自己的判断开展经营活动，但在我担任会长之后这种做法就行不通了，因此我只能通过与社长交流把握良品计划的经营状况。

我还会专门举办由董事参加的酒会。这样做除了能够加强我和董事之间的纵向交流之外，也能够加强董事之间的横向交流。

董事每天的工作都很繁忙，就算偶尔在公司有机会碰面，也没多少时间能够坐下来深入交流。虽然这个酒会大约三个月才举办一次，但大家坐在一起边喝酒边聊天，气氛非常热烈，对于加强交流确实很有帮助。

之所以三个月才举办一次酒会，是因为大家都很繁忙，很难找出一个能够让大家都聚在一起的空闲时间。这种活动的主要目的是加强交流，如果有人缺席的话那效果就大打折扣了。因此，我会提前三四个月就翻看记事本，根据日程表预定（P）酒会时间。如果想主动通过会议或者聚会之类的活动加强交流，先进行PDCA的"P"是至关重要的。

总公司与门店之间的信息交流也要保持PDCA循环。为了加强门店与总公司之间的信息交流，我专门设置了一个显示在门店终端上的"早会页面"。

每天上午店长打开门店的电脑之后，先显示的就是这个"早会页面"。这个页面一目了然地显示了"销售额概算日报""最后送货时间""食品下架日期""业务联络""今日天气""今日工作"等信息，店长会一边确认页面的内容一边召开早会。

这个页面除了能够对销售数据进行管理之外，还可以传达总公司在经营会议上做出的决定以及下达的指示等信息，可以有效防止信息传达出现遗漏的情况。另外，不仅店长能够看到这个页面，而且在门店里工作的所有员工都能看到这个页面，这就能够保证信息能够传达给现场的每一位员工。

当门店完成了总公司下达的任务之后，店长或者店员就可以在相应业务联络栏的标题部分双击鼠标。这样，在这个指示项目的旁边就会显示出"完成"的字样，总公司就会收到反馈信息。

用PDCA来说，就是通过将总公司决定的"P"准确地传达到现场,提高现场的执行力(D)。通过这个页面,门店可以对已经完成的和待完成的项目一目了然(C),这样就不会出现忘记完成某些项目的情况了。

总公司可以通过反馈的信息准确把握哪些门店已经完成了任务,哪些门店还没有完成任务(C),从而能够更准确地对没完成任务的门店再次下达指示(A)。

可以说,这个"早会页面"是让总公司与门店之间交流的PDCA循环起来的关键工具。

02 业务基准书与业务标准化委员会

如果不能实现标准化，组织的运营水平就无法得到提高

虽然良品计划针对门店的业务制作了"无印良品工作手册"，但是没有关于总公司的人事管理和财务管理等业务的工作手册。如果没有一个固定的执行标准，复杂的总公司业务就无法实现"可视化"。无法实现可视化就意味着无法实现标准化。无法实现标准化，组织的运营水平就无法得到提高。此外，业务没有实现"可视化"会导致人事部门在进行新员工培训的时候不知道应该教什么，新员工也不知道应该学什么。

于是我决定制作总公司的业务基准书，并且成立了业务标准化委员会专门负责这项工作。

我先要求员工"将自己的工作内容写出来"，通过文字或图表让工作内容"可视化"。业务标准化委员会根据员工提交的工作内容，制作了涵盖总公司全部工作内容的"业务基准书"（P）。

与门店相比，总公司的业务在时间上的自由度比较高，因此业务基准书的制作时间比当初"无印良品工作手册"的制作时间短了不少，即便如此仍然花费了两年时间。

==业务基准书制作完成并不意味着万事大吉，这只是一个开始。==接下来要做的才是最关键的部分——如何让工作变得更有效率。

比如财务部门来了一位新员工，他先要阅读业务基准书。但是，由于写这部分工作内容的都是经验丰富的老员工，所以里面有很多工作步骤被省略了，这就导致新员工即便读了业务基准书也不能完全看懂（C）。于是我让这位新员工将自己没看懂的部分写出来，找前辈确认相应的工作方法，然后对业务基准书的内容进行修改（A）。这样一来，每当有新员工入职或者更换业务负责人的时候，业务基准书的内容都会得到修正。

此外，总公司的业务与门店业务还有一个不同的地方，那就是业务内容经常要根据法律法规的变化做出相应的调整。比如人事工作必须按照《日本劳动法》的要求展开，但《日本劳动法》更改频繁，因此人事部门也要经常调整自己的工作方法。财务部门每年都要根据会计准则和税法的调整改变自己的工作细则。如此一来，业务基准书的内容也要不断地进行修正（A）。

因为良品计划要在每年的2月发布年度报告,所以3月到5月为第一季度,6月到8月为第二季度,以此类推。一般来说,良品计划每个季度都会根据上一季度的调整对业务基准书的内容进行修订。

但是因为有些人不会主动修改业务基准书中与自己工作内容相关的部分,所以我们要想办法确认所有人都能够及时地对业务基准书进行修正(C)。因此,我们在每周二召开业务标准化委员会会议。

业务标准化委员会针对业务基准书的PDCA循环是否顺畅这一问题进行监督,如果发现有人没有尽到自己的责任,就会要求其及时进行改善。

在有了业务基准书之后,人事调动就变得容易起来。在此之前,如果将一位精通某项工作的员工调走,那么该项工作相关的项目可能会出现进度停滞的情况,并有可能导致业绩下滑,这就使得人事调动非常缺乏灵活性。

但是在有了业务基准书之后,任何人都能够胜任任何工作。即便新员工不能在刚任职的时候就达到经验丰富的老员工的工作水平,但至少可以实现平稳交接。新员工只需要半年到一年积累经验,就能够完美地胜任工作了。

● 业务基准书的PDCA

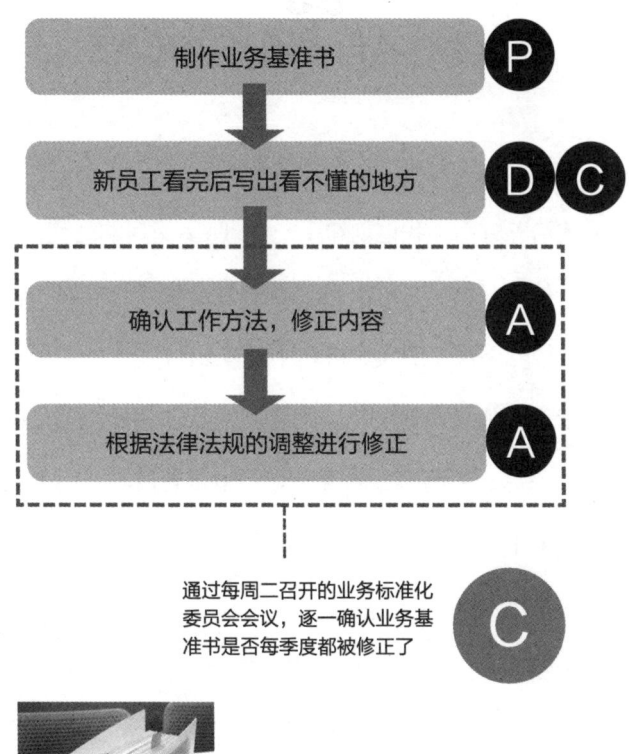

```
制作业务基准书                    P
      ↓
新员工看完后写出看不懂的地方      D  C
      ↓
┌─────────────────────────────┐
│ 确认工作方法,修正内容          A │
│      ↓                       │
│ 根据法律法规的调整进行修正     A │
└─────────────────────────────┘
          │
通过每周二召开的业务标准化
委员会会议,逐一确认业务基        C
准书是否每季度都被修正了
```

业务基准书以部门和科室为单位,共有15本,被装订在厚度为7厘米的文件夹中。

第四章 改变企业文化的DDDD

03
人才培养也离不开PDCA

在人才培养方面，我也创建了一个PDCA循环的制度。

如果一位部长拥有30位下属，那么我会要求部长写一份"在半年内如何培养下属"的人才培养计划书（P）。

具体来说，如果是新员工，那么就需要"掌握业务基准书上的甲部分、乙部分和丙部分内容"。如果是老员工，因为已经掌握了业务基准书上的全部内容，所以目标就应该是"让别人掌握自己负责的工作内容"。

我会在每年3月初要求部门负责人制作人才培养计划书，并且按照计划执行（D），然后在4月末召开"人才培养委员会会议"听取计划的执行情况，所有董事都要出席会议。

人才培养委员会的工作就是针对人才培养情况进行"C"和"A"。在检查执行情况的同时，如果发现执行不顺利，人才培养委员会就提出改善方案，根据具体的情况可能还需要改变目标。

在4月听取了计划执行情况之后,我会让部门负责人继续执行培养计划,等到计划执行的末期,也就是8月末,对人才培养计划的执行情况和取得的成果进行最终评价(C)。

也就是说,我先在计划开始执行两个月之后开会听取汇报,确认计划的执行情况,如果发现问题就及时纠正,有时候可能还会改变执行方法或者目标。总之,是否能够达成目标是判断的唯一基准。

等到计划执行期接近尾声的时候,我会再次进行PDCA循环,并对其进行评价。这次的评价直接关系到下一个半年计划的目标。

良品计划每半年都会执行一次人才培养的PDCA循环。

这个人才培养委员会的制度,可以让公司上下都拥有一种实实在在进行"人才培养"的感觉。通过这项制度,公司可以更加灵活地进行人员调动,而员工可以提高自身的工作能力,不断成长。这样一来,公司内部就形成了人才培养的良性循环。

● 人才培养的PDCA

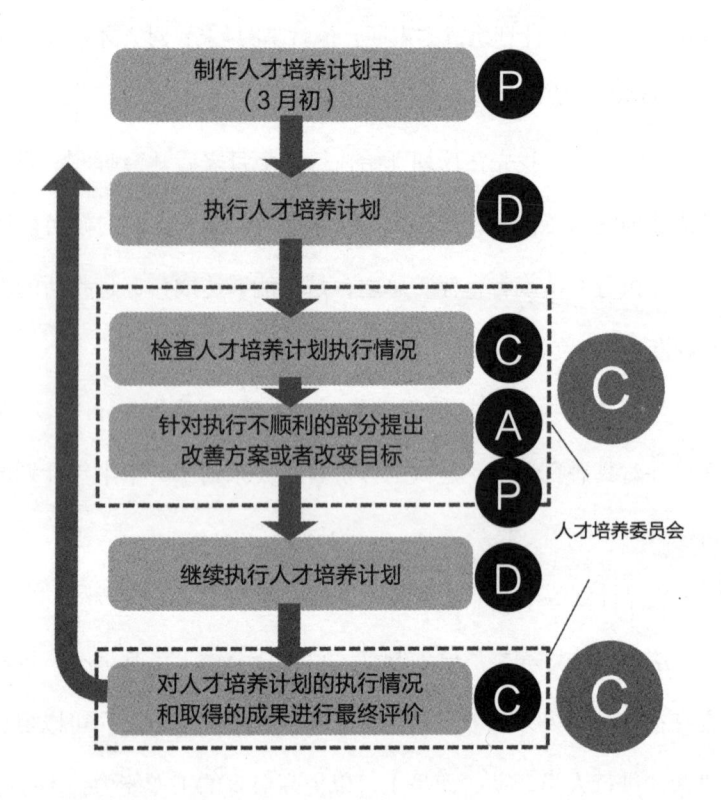

```
┌─────────────────────┐
│ 制作人才培养计划书   │ P
│ （3月初）            │
└──────────┬──────────┘
           ↓
┌─────────────────────┐
│ 执行人才培养计划     │ D
└──────────┬──────────┘
           ↓
- - - - - - - - - - - - - - - - -
┌─────────────────────┐
│ 检查人才培养计划执行情况 │ C
└──────────┬──────────┘
           ↓                        C
┌─────────────────────┐
│ 针对执行不顺利的部分提出│ A
│ 改善方案或者改变目标  │
└──────────┬──────────┘
           ↓                        P
- - - - - - - - - - - - - - - - -
┌─────────────────────┐           人才培养委员会
│ 继续执行人才培养计划 │ D
└──────────┬──────────┘
           ↓
- - - - - - - - - - - - - - - - -
┌─────────────────────┐
│ 对人才培养计划的执行情况│ C      C
│ 和取得的成果进行最终评价│
└─────────────────────┘
- - - - - - - - - - - - - - - - -
```

04 从由上而下到由下而上

向其他企业学习由下而上的制度

由上而下是绝大多数企业的基本做法,因为这种做法在经营上最有效率。如果用由下而上或符合民主原则的方法来做经营决策,就会极大地影响企业的经营效率。

但是,由上而下的做法也存在着一些弊端。首先,这种方法非常依赖高层管理者的能力,不能充分发挥全体员工的智慧。其次,习惯于被动接受指示的员工很容易失去主观能动性。

在企业面临危机的时候,企业只能采取由上而下的经营方法。但等经营情况走上正轨之后,高层管理者就必须认识到"应该创建由下而上的制度""创建一个能够充分发挥全体员工的智慧和主观能动性的制度,对组织长远发展和提高生产效率至关重要"。

在这种时候,学习其他企业的成功经验或许能够找到解决问题的办法。一般来说,制造业企业在由下而上这方面做得比较好。于是我将目光转向佳能电子，立刻前去考察。

佳能电子的员工自发组成了许多小团体，以"让佳能成为世界第一的电子企业"为目标展开改善活动。这个远大的目标就已经让我吃了一惊，但当我看到他们的具体行动之后，我震惊了，因为不仅佳能电子的正式员工积极参与改善活动，就连佳能电子的兼职员工都积极主动地投入到改善活动中。

那么他们打算怎样让佳能电子成为世界第一呢？兼职员工给出的回答是"早点来上班"。本来规定的上班时间是上午八点，但员工觉得这样工作时间太少了，于是员工自发地提前一小时来上班。如果家庭主妇要在上午七点抵达工厂，就必须在出门之前做完部分家务。她的老公就算不愿意，也得负责照顾孩子吃早饭，并给孩子准备便当。如果婆婆知道这件事的话，恐怕不会有好脸色。当然，佳能电子是要给员工发加班费的。因为佳能电子的工厂旁边就是劳动基准监督署，所以企业也不敢让员工经常加班。后来佳能电子实在没办法，只能规定员工不许在上午七点半之前来上班。

另外，著名的站立会议也是在这项活动中诞生和普及的。对于佳能电子来说，专用的会议室和桌椅都是多余的东西，于是这些东西都被移走了。

诞生于其他企业小团体活动的良品计划的"WH 运动"

佳能电子还向我展示了许多小团体活动的事例,每一个都非常优秀。在了解到自发性的小团体活动发挥的巨大作用之后,我认为无论如何也要想办法将这种制度导入良品计划。

我采取的办法就是"WH运动"。其中"W"代表两倍,"H"代表一半,也就是将生产效率提高两倍,将无用功降低一半。总公司的每个部门都要成立小团体,人数多的部门可以成立多个小团体。约30个小团体制订了半年目标(P)。

从记事本上的记录可以看出,2009年2月19日是"WH上半年目标发布会"。因为"WH运动"是要从3月初正式开始的,所以我将目标发布会设定在这个时间。

2009年5月,我们还举行了进度说明会,可以让我了解各个小团体的执行情况(C)。半年后,"WH最终发布会"于8月27日召开,这是发布成果的会议(C)。在"WH运动"中表现优秀的团队,将在9月初召开的经营方针发布会上得到我的表彰。

在表彰大会上,优秀团队的成员会通过大屏幕与大家分享自己的成功经验,发表取得的成果,并且获得奖金。"WH运动"

● WH发布会的记录

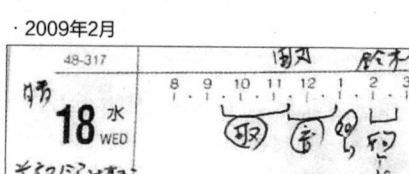

·2009年2月

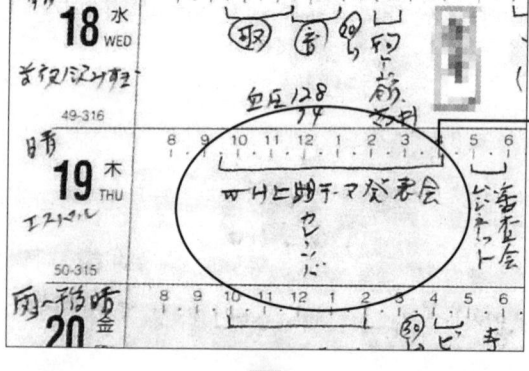

2009年"WH上半年目标发布会"的记录

5月的进度说明会

·2009年8月

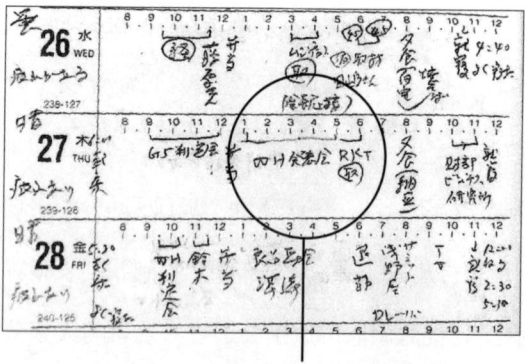

2009年8月,"WH最终发布会"

以半年为周期进行PDCA循环。

==要想让这项运动持续下去，关键在于采取由上而下的推进方法，而且一定要表彰取得成果的员工。企业的高层管理者必须表现出自己对这项运动非常重视的态度，让员工明白这项运动对于组织的重要性。==

因此，我要求全体董事出席每场发布会。

有一位曾在丰田工作过的高层管理者给我讲了一个导致小团体活动开展不顺利的事例。据说丰田有一位董事对努力开展小团体活动的员工说："这项活动对组织非常重要，你们一定要努力才行啊。"这句话就让员工觉得那位董事没把小团体活动当成自己的事情，而是将责任都推到了员工的身上。要想让员工积极主动地开展小团体活动，高层管理者就要积极主动地成为员工的坚实后盾，而那位董事的行为就直接打击了员工们的积极性。

于是我决定提前半年确定"WH运动"发布会的日期。我之所以提前这么长时间确定会议日期，是因为要防止董事以已经安排了其他行程为由缺席发布会。

即便如此，仍然会有董事以需要出差等为理由缺席发布会。于是我决定让所有董事都作为小团体活动的评分者。因为这是为了在经营方针发布会表彰获奖的小团体而进行的评分活动,所以就杜绝了董事缺席的情况。

因为这项活动的目的是让员工自发地组成小团体,所以如果上级下达命令或者强制员工参加的话就失去了意义。高层管理者的职责就是想办法让员工都积极主动地参与这项活动。

"WH运动"的具体内容包括销售部和业务改革部的"门店分发资料减半"、餐饮部的"门店的餐饮商品库存减半"、生活杂货部的"在网页目录上做到全部商品有相应的图片"、门店开发部的"简化备品订购流程"等。这些都是获得表彰的主题。

比如门店开发部的"简化备品订购流程",主要包括以下内容:

之前门店需要订购备品的时候,店长先要制作一份"备品申请书"提交给销售部。销售部确认完预算之后,将相应的订购申请发送给门店开发部和总务人事部。

门店开发部和总务人事部在接到申请后向供应商订购,等备品送到门店,距离店长提交申请书的日期最少也过去了18天。

于是门店开发部提出让店长直接向供应商订购备品的改善方案。但问题在于如果没有总公司监管,店长直接订购备品可能会出现超出预算的风险。

但在实际操作中他们发现，店长身为门店的负责人并不会胡乱订购备品，而直接由店长向供应商订购可以将整个流程缩短到6天。也就是说，这样改善的结果是在没有超出预算的情况下将订购时间缩短了三分之二，还大大减轻了销售部、门店开发部以及总务人事部的工作量。

这项改善运动因为取得了如此巨大的成果而被评为第一名，获得了"最优秀奖"。

员工的意识也会发生转变

"WH运动"实现的业务改善，都是无法通过由上而下的方式实现的改善。也就是说，由上而下的管理方式存在着一定的局限性。

我在本章最开头的部分就提到过，在就任会长之后，我的目标是给良品计划创建全新的企业文化，利用由下而上的方式进行业务改善就是我想创建的企业文化之一。

但是与由上而下的方式相比，由下而上的方式在管理上非常困难。如果没有宽广的胸襟和长远的眼光，高层管理者很难对由下而上的方式进行管理。

在"WH运动"刚开始的时候,几乎所有管理者和员工都觉得"恐怕做不到""坚持不了太久"。但是既然没有人直接提出反对意见,那么我便开始推进"WH运动"了。

当然,"WH运动"在刚开始的时候进行得并不顺利。员工在刚开始的时候还没理解这项活动的主旨,经常提出和目标相反的提案。比如"加班减半,带薪休假翻倍"。乍看起来这是完全符合"WH运动"的目标,但实际上这只是缺乏工作积极性的人提出的投机取巧的目标罢了。

因为在其他人看来,这个目标的本质并不是提高生产效率,只是"让自己更轻松"而已,连"部分最优"都算不上,根本就是"个人最优",这样的目标当然不会有人愿意帮忙实现了。后来,随着"WH运动"展开,这样的目标逐渐被淘汰了。

所有取得成果的"WH运动"主题都是基于"全体最优"的想法提出的。因此,不仅提出者会为了实现目标而努力,他周围的人也愿意为了实现这个目标而竭尽全力。

让员工的意识从"部分最优"转变到"整体最优",这种价值观的转变是非常重要的。

05 创建企业文化只能靠"D"

执行必须彻底

我为了创建全新的企业文化而开展的三项活动分别是"打招呼""用敬语""准时下班"。

在创建企业文化时,高层管理者的责任感和决心至关重要,接下来要做的就是毫不妥协地执行既定方针,坚持到底。

比如"打招呼",我每天上午都会和董事、部门负责人一起站在一楼电梯口,和每一位来上班的员工打招呼。另外,如果这个月的目标是"加强打招呼交流",那么公司广播从早到晚都会提醒"这个月是打招呼强化月,请不要忘记主动和同事打招呼"。

每天上午、中午、下午,员工都会收到一份检查表,比如上午的检查表写着"你进公司的时候和同事打招呼了吗?""你乘电梯的时候和同事打招呼了吗?""你进办公室的时候和同事打招呼了吗？"等内容。

部门负责人会逐一检查员工填写的检查表。业务标准化委员会每周会对检查表进行核查。

像这样的行动每天都要彻底执行。一旦决定（P）创建企业文化，坚持执行就是最重要的一点。虽然其中有通过检查表进行检查（C）的步骤，但实际上只有"执行（D）"，基本上整个循环就是"DDDD"。

我每周一和周二都会在一楼的电梯间与员工打招呼。在最开始的时候，我每天都在，但好像很多员工不喜欢这样，于是我就改成只有周一和周二在了。

记事本上写着"6：40出发"。司机于早晨六点四十分接我，我在七点半左右抵达公司。从上午八点到九点，我都在电梯间向来公司的员工打招呼。

但是即便我站在电梯口和每一位见面的员工说"早上好"，仍然有两位员工没有对我打招呼，也可能是他们的声音太小了我没听见……

● "打招呼"活动的相关记录

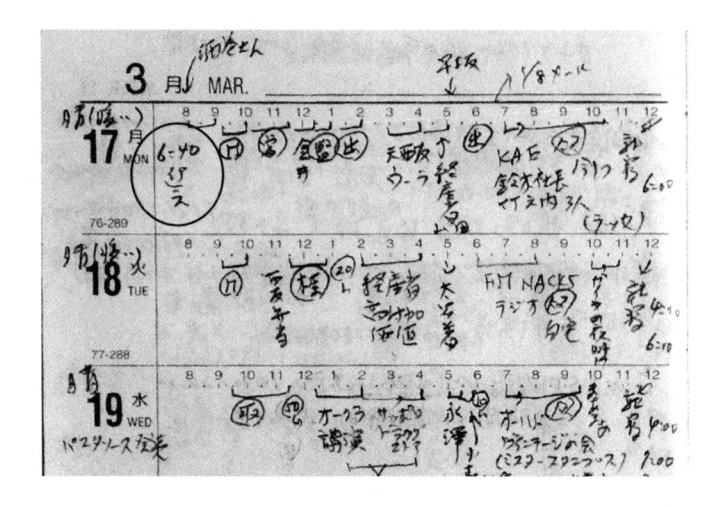

我把这两位员工叫过来进行指导时发现，他们毕业于同一所学校。他们就读的学校一旦过了上学时间就会将大门锁上，迟到的学生就进不去了。这种做法实在是愚蠢至极，通过惩罚来改变人的行为是最差劲的管理方法。

杀鸡儆猴式的惩罚不会让受罚者的行为发生任何改变，甚至有可能出现反效果，导致集体反抗。最重要的是公司内部的氛围会因此变得压抑，让人难以忍受。也就是说，强制措施和惩罚并不能使人发生任何改变。

于是我想出了一个办法，那就是让那两位没有打招呼的员工的直属上司来到一楼电梯间和他们打招呼。果然这两个人不敢对自己的直属上司视而不见，都老老实实地打了招呼。

就像前面说过的那样，我每天都出现惹得很多人不愉快，于是我就想找人和我轮换，但怎么都凑不齐轮换的人。最后我实在是没办法，只能让课长级别以上的管理者轮流与员工打招呼。

不管这个月的活动主题是什么，每天上午都会固定有一个人站在一楼电梯间和来公司的员工打招呼。我在良品计划的时候，这项活动已经坚持了十年以上，大概直到现在仍然在坚持。

彻底解决导致"做不到"的原因

在决定开展"准时下班"活动的时候，我也只能通过"执行（D）"来达到目标。

在我提出"消灭加班"的目标之后，员工不但没有感到高兴，还全都表示反对。于是我只能先将每周五定为"无加班日"，接着又将周三定为"无加班日"，也就是一周有两天不加班。这个目标很快就实现了。后来，到了第二年第一个工作日，我终于实现了彻底不加班的目标，办法是到了晚上七点就把总公司办公室的灯都关掉。但是，因为员工很热爱工作，对不让加班这件事颇有微词，甚至有人在下班之后悄悄地返回公司加班。最大的问题是，有些员工将工作带回家里去做。我之所以决定开展"准时下班"活动，就是为了让员工能够有更多时间享受自己的生活，好好休息才能保证有充沛的精力工作，但是员工将工作带回家里的话，那我原本的目标就无法实现了。要想解决这个问题，只能想办法让员工在工作时间内就将工作全部做完，于是我立刻开始采取行动（D）。

<mark>因为不能在"准时下班"上做出任何让步，所以我就只能设法减少员工的工作量。</mark>要想实现这个目标，只能消除工作中的无用功。我常说"工作要抓住重点，不要在细枝末节上浪费时间"，但哪些属于"重点"、哪些属于"细枝末节"，每个人的判断标准都不一样。比如我发现有的员工花费一上午的时间回复邮件，于是我就通过他的部门负责人告诉他，只需要回复那些紧急度高的邮件即可。也就是说，管理者要对每位员工进行具体指导，使其分清哪些属于"重点"、哪些属于"细枝末节"。

<mark>通过不断重复这些细致入微的"D"，员工的工作效率终于</mark>

==得到了提高==。从整体上来说,工作量大约减少了十分之一,这样就没有将工作带回家去做的员工了。不过,通过员工主动提出的业务改善方案实现的效率提升只有2%到3%,所以将效率提高10%实在是非常困难的。

==如果下定决心改变企业文化,就绝对不能半途而废,成功的关键就在于"坚持到底"==。因为一旦行动中断,事情往往很快就会恢复原来的状态,这样的例子在其他企业屡见不鲜。

不过,也有一些企业能够坚持很久,让我十分感慨,比如说丰田。

丰田有一个劳动组合委员会,开展了一项名为"丰田应该学习的企业"的企业高层管理者访谈活动。

良品计划有幸被选为学习目标,我接受了对方的采访。当时,我问了他们一个问题:"这项活动是从什么时候开始的?"对方的回答是:"38年前。"

劳动组合委员会是丰田员工自发组成的组织,虽然交通费是从工会费用中支出的,但其他费用都是由员工自己承担的。因为企业高层管理者在工作日的时候都很繁忙,所以丰田的员工经常利用休息时间采访企业高层管理者。这项活动竟然坚持了38年,如果他们现在还在继续的话，应该已经超过40年了。

或许这正是丰田强大的秘诀，丰田的坚持力与其他企业完全不在一个档次上。

通过企业文化创建一个地面没有垃圾的企业

为了创建良品计划的新企业文化而采取的行动（D），还有一项活动叫作"干净的办公室"。简单来说，这项活动的目标就是让公司的地面没有垃圾。

在开展这项活动的时候，我提出的要求是"走路时向下看"。因为只要有人员活动，就难免有垃圾掉落在地面。因此，要想创建一个地面没有垃圾的企业，所有员工都要行动起来，将掉在地面上的垃圾捡起来。

"捡垃圾不是我的工作职责。"

如果有一个人有这样的想法，那就无法实现创建地面没有垃圾的企业的目标。

尽管并没有切实的数据，只是我个人的经验，但我认为地面上有垃圾的企业不可能成为业绩优秀的企业。一家业绩优秀的企业应该是一尘不染的。

为了创建让决定的事情都能够得到切实执行的企业文化，我每天都监督"打招呼"和"干净的办公室"活动是否得到了彻底执行。

经常有人说我"像个孩子一样"。但是，==能像孩子一样将该做的事情坚持做好的组织才有可能成为最强大的组织。==

06 确定截止时间，让PDCA循环起来

有550人监督的截止时间

"报联商"——报告、联络、商谈，被认为是工作中的重中之重。我在担任人事管理部门负责人的时候，也在记事本上写过"报联商非常重要"的内容。

但现在状况发生了一些变化。能够与每一位部下都充分进行"报联商"的管理者可以说是屈指可数，而且频繁"报联商"也无法培养部下自主工作的能力。

我认为，管理的关键在于让每一个人都敢于自己承担风险去完成工作。要想实现这一目标，关键在于在确定截止时间后就让员工自由发挥。我将实现这一目标的制度称为"DINA系统"。

"DINA"是"Deadline（截止时间）""Instruction（指示）""Notice（联络）"和"Agenda（议事日程）"的首字母组合。

在每周一的经营会议结束后，我都会通过DINA系统向大约550名员工发送截止时间、指示、联络及议事日程等信息。这样部门负责人在开完会之后就不必再召集部门成员传达会议内容，重要信息在传达过程中也不会出现遗漏。

当员工阅读完这些信息后，相应的栏目就会显示"已读"的提示，这样也便于部门负责人把握信息传达情况。如果有人一直都没有阅读信息，部门负责人就可以及时地对其进行提醒。

在经营会议上决定任务时，任务的截止时间也会同时确定。我在完成相应的工作之后会标记"已完成"。因为有550名员工监督，所以完全不会出现到了截止时间工作任务却没有完成的情况。截止时间一般都在第二周的经营会议之前，而在下一周的经营会议上又会决定接下来应该做的事情以及截止日期。这就相当于先制订计划（P），当计划执行之后（D）就标记"已完成"，相当于检查（C），如果没完成，就想办法进行改善（A）。上述流程包含了一个完整的PDCA循环，可以保证自己在截止时间之前完成工作任务。

尽管改变一个人的性格很难，但想要改变一个人的行动还是有办法做到的。如果行动改变了，企业的文化也能够随之改变，而当一家企业创建了全新的企业文化，那么企业的员工也会采取符合企业文化的行动。

因此，一个人一个人地改变行动是成功创建全新企业文化的关键，相应的制度也非常重要。

身为高层管理者，如果只是提出"进化与执行"的口号，在公司内部贴满标语，每天早会上都反复强调，那也无法取得任何成果。

只有明确每天都应该采取怎样的行动，制订计划并且严格执行，定期对执行情况进行评价和改善，也就是让PDCA循环起来，才能真正地创建出全新的企业文化。建立起一个让上述PDCA保持循环的制度，就是高层管理者最重要的责任。

专栏 为什么要在8月新记事本发售时就提前买好第二年的记事本?

我在每年8月末新记事本上市的时候,就会立刻联系银座的伊东屋购买一本。或许有人觉得我性子太急,但其实我在这个时候就已经开始做第二年的日程表了。

比如我担任外部董事和顾问的公司的董事会会议和股东大会等,一般都会以年度日程的形式提前确定好下一年的会议安排,因此我会把第二年计划都写在本年度记事本的后半部分。有的企业甚至会提前两年确定好会议安排。

另外,有的演讲活动也是提前一年就安排好的。我在辞去良品计划会长的职务之后,每年要进行100多场演讲。

有那么多人邀请我去演讲令我备感荣幸,结果我比担任会长的时候还要繁忙,这确实有些出乎我的意料,因此我现在正逐渐减少演讲的次数。但有一些老朋友的委托和每年的惯例还是很难拒绝的,因此我的演讲安排依旧很多。我把这些安排也都记录在记事本的后半部分,等拿到第二年的笔记本后就写在相应的日期栏上。

还有就是在餐厅预约位置。我认为日本最好的餐厅是位于京都的米其林三星餐厅"未在",要想预约位置需要提前一年半。为了不忘记预约的时间,我会将日期先写在记事本的后半部分,等拿到第二年的记事本后再抄上去。

第二年的记事本一般都是在秋季正式发售的,只有伊东屋能够在8月末的时候就买到。但对我来说这个时间也已经很晚了,我甚至希望在第一年的1月就能买到第二年的记事本。

当拿到第二年的记事本之后,我会参考正在用的记事本,将已经确定的日程表都写下来,然后和前一年用的记事本收在同一个抽屉里。也就是说,我在进行日程表管理的时候,总共要用到三个记事本,分别是前一年的记事本、当年的记事本和下一年的记事本。

第五章
用 PDCA 促进自我成长

01 用记事本记录健康数值

发布季度报告当天早晨突然失去意识

从改变、建设制度到企业文化改革，我用记事本作为思考的基础，解决了许多经营方面的问题。

理解记事本的使用方法并将其灵活运用固然重要，但作为一切的大前提，身体健康对每个人来说都有巨大的意义。

身为一个组织的高层管理者，保持身心的健康也是工作的一部分，健康管理是对工作负责的表现。一旦失去了健康的身体，我们不但无法顺利完成工作，个人生活也将变得一团糟。因此，健康是让我们享受人生的必要条件。

在我就任社长一年之后的2002年1月10日，我深刻地认识到了这一点。

那天是第三季度的季度报告发布日。当天早晨，我在自己家中突然失去了意识。当时，我的眼前突然一片漆黑，接着我就什么都不知道了。

发布季度报告是社长的工作，不能由其他任何人代替。幸运的是，我后来逐渐恢复了过来，没出什么大事，而且完成了发布季度报告的工作。

不过，我意识到继续这样工作下去实在是太危险了，于是在几天之后去医院做了详细检查。虽然我不知道自己为什么会突然失去意识，但恐怕是因为过度疲劳和压力太大导致的。

自从我就任社长之后，我晚上要参加的应酬明显增加了，体重也随之增加。虽然我采取了一些保持身材的措施，但和我摄入的热量相比，想必是远远不够的。

经过仔细检查后，医生建议我每天测量血压。每天早晨起来之后，我会先做一些伸展运动，然后测量血压，将收缩压、舒张压以及脉搏三项数据和具体日期记录在专门的手册上。

我也考虑过将这些内容记录在自己常用的记事本上，但因为这些数据每天都要记录，如果全都记在尺寸不大的页面上，看起来就会很费劲。更重要的是，**我常用的记事本上记录的内容都是重要事情的关键信息，如果因为记录很多琐碎的信息失去了简洁性和易读性，用起来反而不方便。因此，我找了一个专门的手册**

● 健康记录手册

专门用来记录健康数据的手册，每天用一行记录健康数据，一册能用四五年。为了便于翻阅和记录，我选择的是环状装订的手册。我现在惯于使用无印良品的双环装订手册，结实耐用。

记录健康数据。

每当服用降压药或者其他药物的时候,我都会在这个手册上记录相关信息。在夏季的时候,我基本不吃药,但冬季血压容易升高的时候或者收缩压超过150mmHg使我感觉不舒服的时候,我就会服用药物。

社长是最终决策者,肩负着重大的责任,也承受着巨大的压力。当我就任社长之后,我感觉自己的工作比担任专务董事时要困难20倍。据说有的人可能会感觉工作的难度提升了100倍。

社长与副社长,一把手与二把手,承受的压力是完全不同的。

02 健康也要用"C"和"A"进行管理

通过记录把握体重与血压之间的关系

对我来说,健康管理中最重要的内容就是控制血压和体重。我的血压和体重成正比关系,血压高的时候体重就重,血压低的时候体重就轻。反过来说,在体重增加的时候,我的血压就会上升;在体重减轻的时候,我的血压也会下降。

我能够发现两者之间的关系是因为我每天除了在健康手册上记录血压之外还会记录当天的体重。先做记录(D),然后对其进行评价(C),接着进行改善(A),这个流程在健康管理上同样适用。

后来,我买了一台人体成分分析仪,除了能测量体重之外,还能测量基础代谢量、体脂率、内脏脂肪级别以及肌肉量等数据。现在的人体成分分析仪更加先进,只要使用者站在上面,数据就能够通过无线网络直接传输到智能手机上,使用者可以通过应用程序对所有的健康数据进行管理。

● 健康手册上记录的内容

(手写健康记录笔记，包含日期、体重、体脂率、血压、脉搏等数据)

服药 | 体重 | 体脂率 | 血压 | 脉搏

虽然现在通过智能手机记录数据更加方便，但我仍然习惯在健康手册上记录服药、体重、体脂率、血压以及脉搏五项数据。

我在序章中曾经提到，我会参考前一年的记事本安排当年的日程表，其实我在健康手册上做记录的时候也会与前一年同一时期的数据进行对比（C）。比如体重是否有变化，如果体重减少的话还好，如果体重增加的话那就是一个危险信号。一旦发现体重增加，我就会想办法给自己安排一些时间做运动来减肥（A）。

除了上述内容之外，我还会在健康手册上记录自己每天睡觉的时间。我在每周六对过去一周的内容进行回顾时，会顺便检查一下自己的睡眠情况。在担任社长的时候，因为我每天都在拼命地思考如何解决经营上的难题，曾经连续两天失眠，完全没合眼，但在第三天的时候，我还是睡着了。这就不得不佩服人类的生存本能真是非常强大。在第三天睡醒之后，我忽然意识到，原来失眠两天也没什么问题，顿时产生了一种安心感。不过，保证足够的睡眠时间对健康非常重要，所以我会尽量让自己每天有七小时的睡眠时间。

综上所述，在进行健康管理的时候"C"和"A"也非常重要。

● 记录睡觉和起床时间

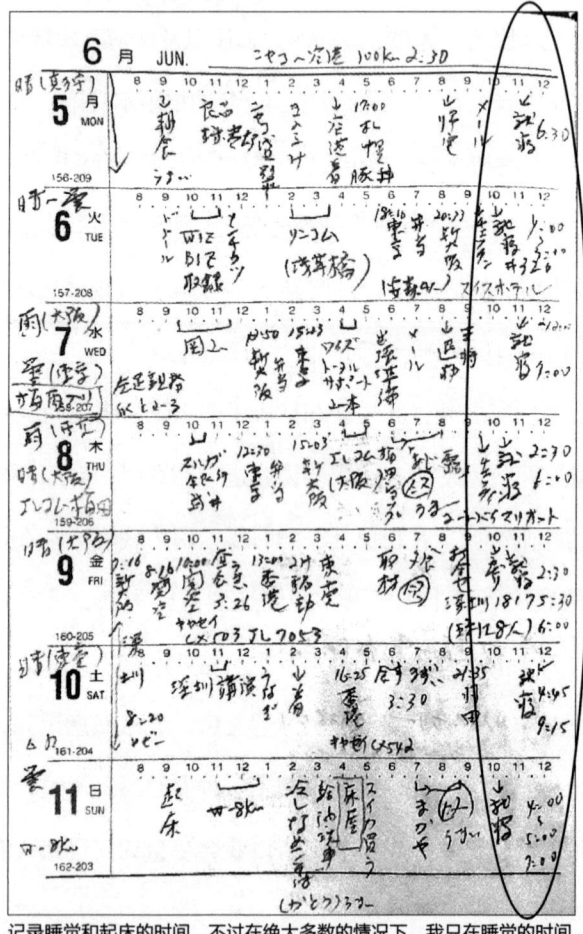

记录睡觉和起床的时间，不过在绝大多数的情况下，我只在睡觉的时间写上"就寝"两个字。

从30多岁开始,每10年左右就经历一次严格减肥

关于体重问题,我有过几段痛苦的回忆。我在30多岁、40多岁和50多岁的时候,都有过在半年时间里减肥13千克的经历。

我在30多岁的时候,有段时间体重约为85千克。我在那时进行过一次血液检查,检查结果上写着"浊"。于是我拿着检查报告去问医生这是什么意思。医生说:"你的血液中所含的脂质超标了。"我一听这可大事不妙,于是决心减肥。

我先采取的措施是减少晚餐喝酒的次数。

我每次晚餐喝酒之后都在记事本上写上"饮"的字样,对喝酒的天数进行管理。通过对记事本上的记录进行分析之后我发现,如果我在每周七天中有五天都喝酒,那么我的体重肯定会增加;如果我只有四天喝酒,那么我的体重能保持不变;如果我只有三天喝酒,那么我的体重会有所下降。于是我给自己规定每周最多只能有三天喝酒(P)。

我接着采取的措施是周六运动。我在年轻的时候会通过跑步和游泳减轻体重。我在上学的时候参加过体育社团,我本身非常喜欢运动,无论是跑步还是游泳对我来说都不是什么苦差事。

● **在记事本上写"饮",记录喝酒的天数**

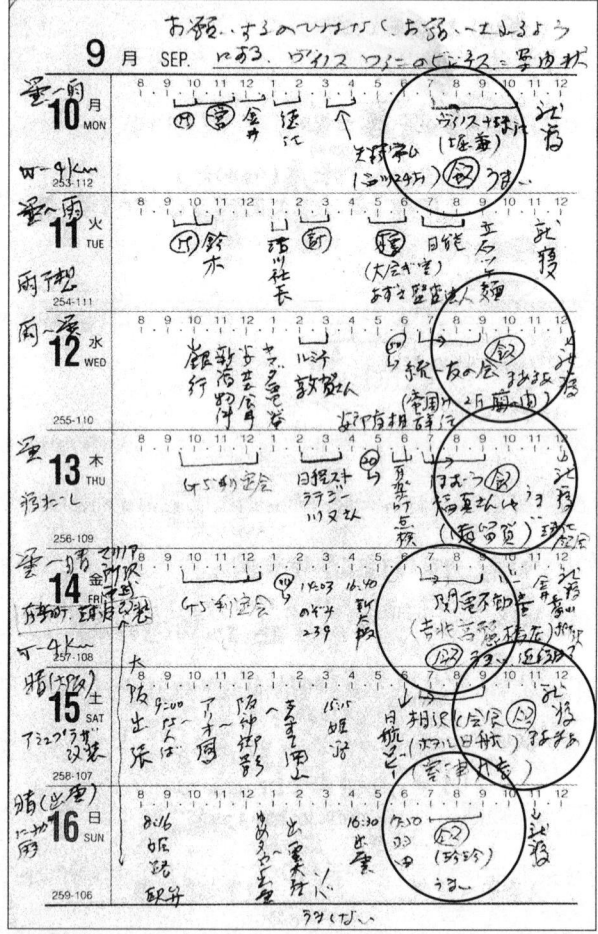

我在喝酒的日子写上"饮"的字样。从这个页面上可以看出,我那周喝酒的次数太多了。

想要控制体重,在饮食方面进行控制也是必不可少的。我先采取的措施是减少每餐的食物摄入量,有时候干脆什么也不吃,晚上只吃蔬菜或水果沙拉。当然,我把含糖量高的饮料也全部戒掉了,都换成乌龙茶。在坚持减少每餐的摄入量大约三个月后,我的胃可能习惯了这种状况而变小了,因此我即便吃得不多也能获得饱腹感。就这样,我的体重终于逐渐降了下来。

不过,想要减轻十几千克的体重,我最少也要花上半年左右。

因为好不容易才把体重减轻下来,所以我将这个最佳体重状态维持了四五年。但从第六年开始,我的体重又逐渐增加,大概十年之后,我的体重又超过了85千克,结果我又经历了第二次减肥的考验。

我在50多岁的时候发现,自己的体重在冬季下降得慢。因此,对我来说,夏季更适合减肥。于是我从3月份开始减肥,到6月份的时候胃也会进入减肥状态。在夏季的时候运动会出更多汗,因此我在半年内就成功减轻了十几千克的体重。

不是我自夸,有了这三次经历,我也算掌握了减肥的技巧。

因为头天晚上应酬增加的体重，第二天马上减掉

我在60多岁的时候就任良品计划会长，在减肥的问题上绝对不能重蹈覆辙。我担任社长的时候，晚上多是工作方面的应酬，想减少也减少不了。在我担任会长之后，应酬就不那么多了。

即便如此，如果我在一段时间内晚上应酬比较多的话，体重也会随之增加一二千克。于是我在应酬的第二天会在五点钟起床，先做一些伸展运动，然后测量血压和体重，接着就出去走八千米。我一般是在家旁边的河堤上走四千米，然后返回，全程大约要走1小时20分钟。我会在到家后先洗澡，然后称体重。

在冬季，我这样走一趟，有时候连一千克都减不下去，但在夏季能够减掉两千克左右，这样就将因为前一天晚上应酬而增加的体重给减下去了。

我将散步前后的体重和走路时间与距离等也都记录在健康手册上。

在60岁之后，我基本都采用这种方法进行体重管理，每当前一晚摄入热量过多，我就会在第二天早晨立刻通过运动将增加的体重减下去。多亏了这个方法，我的体重一直保持在标准范围

内，没有超过78千克这个自己设定的警戒线。

● **散步前后的体重记录**

在周六、周日散步之后，我会将散步的距离、时间以及前后的体重都记录下来。

健康管理是每个人的责任和义务，如果不能保证身体健康，不但工作做不好，也没办法享受美好的人生。虽然人们经常说"健康第一"，但我到了这个年纪才对这句话真正感同身受。

03
用PDCA对兴趣进行管理

品尝米其林三星餐厅的美食，需要"P"和"C"

在刚就任良品计划社长的2001年，我基本没有时间休息，但从第二年开始，我每年都给自己安排10天以上的连续休假。

因为时任饰梦乐社长的藤原秀次郎对我说了："如果社长不休息的话，员工也不会休息。"

于是我每年夏天大约休息10天。因为我决定开始休息后就将工作的事情全部忘掉，专心享受休假，所以我刚上飞机就打开香槟喝个痛快，把工作忘得一干二净。反正只有10天而已，公司就算没有社长和会长也一样能够正常运转。或者说，高层管理者必须创建出这样的组织才行。

我每年夏天休息的时候都会去欧洲品尝米其林三星餐厅的美食。2017年，我先去了英国，然后又从英国去了法国。

法国的米其林三星餐厅我基本都去过了，这次去了五家，加上在英国去过的三家，合起来就是八家米其林三星餐厅。其间，我还去了一家米其林二星餐厅。

2017年，我的假期总共有十二天，我在欧洲总共待了十天。减去花在路上的时间，能去九家米其林餐厅可以说已经很不错了。

我委托当地的朋友提前半年预订了座位。毕竟是米其林三星餐厅，因此预约时间越早越好，我每年都会提前半年就制订好旅行计划（P）。

当我品尝过一家米其林三星餐厅之后（D），当天晚上或者第二天一早，我就会立刻将品尝过的所有菜品都写到计划表上，同时还会写下自己对这家餐厅的印象和评价（C）。如果我在菜品的名字上画两个圈，那就说明这道菜的味道相当好，如果画三个圈，那就是一点儿毛病也挑不出来的完美菜品了。

像这样做好记录，下次有机会的话，我就还能再去自己喜欢的餐厅（A），PDCA在我追寻美食的路上也提供了不少帮助。

同样是米其林三星餐厅，有的餐厅每道菜品的味道都非常好，有的餐厅只有一道菜品的味道非常好。我个人感觉，米其林三星、二星和一星餐厅之间的差距，甚至都没有三星餐厅之间的差距大，因此能遇到一家完全符合自己口味的米其林三星餐厅绝对是人生的一大幸事。很多媒体向我索要对餐厅的点评，我也经常与美食记者交换信息，因此相关的记录是必须保留下来的。

因为我旅行的目的就是去米其林三星餐厅品尝美食，所以路上没有任何观光安排。欧洲的米其林三星餐厅不像日本都集中在城市中心的繁华地区，而是散落在城郊或乡村。欧洲拥有非常悠久的历史和多元的文化，欧洲人非常重视本地生产的食材。对于欧洲人来说，能够在自己土生土长的地方开一家最高水准的餐厅是一件非常值得骄傲的事情。欧洲人对"富裕"的理解和日本人完全不同。

我在休假的时候每天早上睡到自然醒，十一点左右吃早餐，下午一点租车从酒店出发，经过大概200千米的旅途，在下午五点左右抵达餐厅所在地，然后我会先去游泳，晚上九点左右开始就餐。在享用完美食之后，我就直接在餐厅的酒店或者附近的酒店住下。

● 休假计划表和对餐厅评价总结的笔记

04 在记事本上记录使自己成长的名句

把灵感记录在记事本上，使其发酵

在记事本的后半部分有一些可以做笔记的页面，我一般会在这些页面上记录给我留下深刻印象的名句。

这些名句不仅能够给我启发，更是我思考运营方针和经营方针时的灵感来源。

另外，通过这些内容，我还可以看出自己在不同时期都对哪些事情感兴趣。

比如1993年的记事本上面写着"莫比乌斯环"的字样。我当时担任总务人事部部长，我认为这是非常重要的管理理论，因此将其记录在记事本上便于经常查阅。

● 记事本上的笔记内容示例①

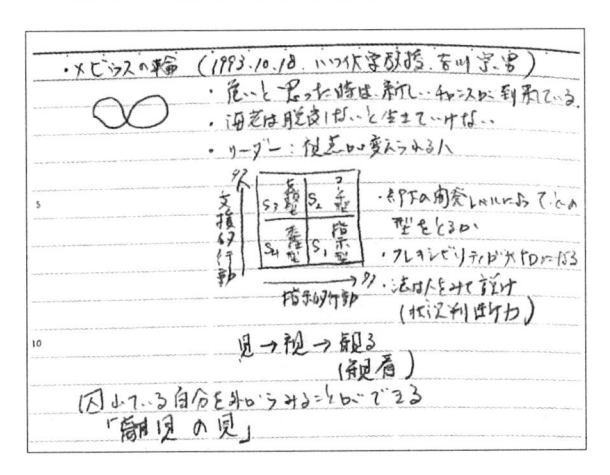

2000年5月，我成为无印良品网络销售公司的社长，在那一年记事本的后半部分，写着我对工作的总结与感悟。

除了图上的那些内容之外，我还记录了卡洛斯·戈恩和吉野家的前社长安部修仁所说的话。我当时担任的是以互联网销售为主的公司的社长，因此记录了许多与互联网相关的内容。

邂逅"莫烦恼"

2001年，在我就任良品计划社长以后，我在看NHK一档

（日本广播协会）制作的节目时在记事本上写下了"莫烦恼"三个字。准确地说，因为我不会中文，所以当时我并不知道这三个字怎么写，只是用日文标上了读音，后来查了字典才知道是"莫烦恼"。

在北条时宗执政时期，他得到了元朝即将攻打日本的消息，因为不知道是否应该迎战而感到非常烦恼。因为他知道日本的胜算非常低。

就在这个时候，有一位叫作无学祖元的僧人送给他三个字，就是"莫烦恼"，大概意思是："既然你已经想尽了一切办法，再烦恼下去也没用，不如干脆就按照自己的想法去做吧。"

我在看到"莫烦恼"的时候，正面临着库存积压、对法国的门店进行人员调整等棘手的问题，还要应对频繁出现产品质量不合格的报道。可以说，那段时间是完全看不到良品计划的未来的黑暗时期。我不知道自己做的事情究竟是不是正确的，也不知道良品计划的业绩能不能起死回生。或许正是在这样的心情下，"莫烦恼"才给我留下了深刻的印象。于是我当时就将"莫烦恼"记录了下来。

北条时宗受到"莫烦恼"的鼓励，决心与元朝决一死战。最后的结果正如大家知道的那样，因为暴风雨的原因，元朝的军队不战而退，北条时宗也就此躲过了最大的危机。

我在邂逅"莫烦恼"之后，也认识到在面临诸多问题的时候，就算再怎么烦恼也没有用，不如专心解决眼前的问题。

● 关于"莫烦恼"的笔记

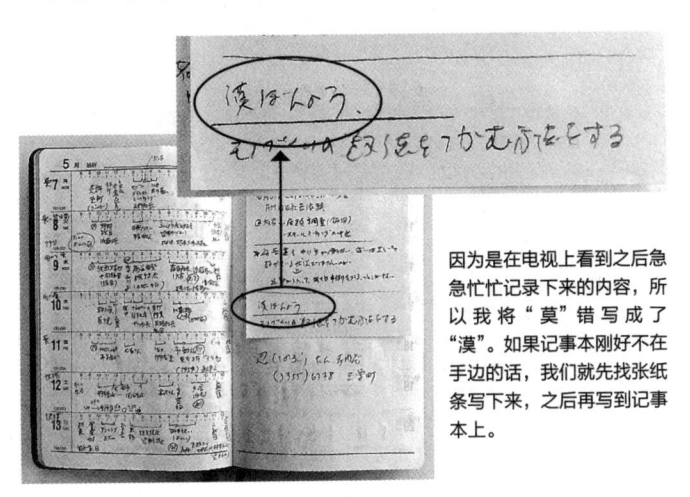

因为是在电视上看到之后急急忙忙记录下来的内容，所以我将"莫"错写成了"漠"。如果记事本刚好不在手边的话，我们就先找张纸条写下来，之后再写到记事本上。

将名言记录下来留到发表方针的时候使用

2003年，我因为读了《执行：如何完成任务的学问》这本

● 记事本上的笔记内容示例②

这是我在2000年就任无印良品网络销售公司社长时做的笔记，记录了很多与我当时工作息息相关的互联网内容。

这是我在2003年记下的笔记，良品计划的经营改革在那时终于取得了成果。《执行：如何完成任务的学问》引发了我很多共鸣，除了图上的内容之外我还做了许多笔记。

这是我在2014年记下的笔记。德鲁克的名言曾经多次出现在我的笔记本上。

除了引用他人的名言之外，我也会记录一些自己的理解和感悟。

书，所以在记事本上写了很多内容。

我当时提出了"进化与执行"的经营方针。因为我认为如果执行不力的话，经营便无法顺利进行下去。就在这个时候，我刚好读到了这本书。在我不知道自己的决定是否正确的时候，这本书给我指明了方向。

前人所写的著作往往能够给我们提供宝贵的经验，这本书是基于针对企业的实证研究成果写成的，所以对问题的本质有非常深入的解读。

对于高层管理者来说，最重要的就是发现问题的本质以及认清未来。即便我只能看到一千米远的情况，但肯定有人能够看清三千米甚至五千米远的情况。与努力让自己成为拥有卓越先见性的人相比，向拥有卓越先见性的人学习是更有效率的方法。

将学到的东西记录在记事本上，我们在需要用到的时候就能够随时拿出来用了。我在每年12月的时候都会将这些名言用文字处理软件总结整理到一起。这样，我的"座右铭"就不断增加。这些前人的"智慧"是非常宝贵的财富。

这样一来，<u>我平时获取到的"知识"就都被我保存在自己的记事本（思考基础）之中。它们可以帮助我时刻认清前进的正确</u>

方向。

比如在思考经营方针的时候，假设我打算将主人翁意识和责任感作为本年度的经营方针，那么我就会带着问题意识翻开记录有相关内容的记事本，当看到上面写着"主人翁意识有助于取得成果"的时候，我就会将这一条加到经营方针之中去。

自己写在记事本上的名言警句简单易懂，就算直接作为方针提出来也能够将信息通俗易懂地传达给员工。

我从记事本这个"思考基础"之中取出的"方针"的种子，每年都会发芽、开花、结果。我在这个过程中获得的经验将孕育更多种子，让我在第二年收获更多果实。这也可以说是一种形式的PDCA循环。

无论是个人还是组织，都可以在这种螺旋式PDCA循环中得到成长。

结 语

本书为大家介绍了我对记事本和PDCA的理解以及实践经验。我认为一个强大的组织应该是计划占5%，执行占95%，因此在PDCA之中我最重视"D"。

在我看来，计划应该是贯彻到底的可执行的计划。

对执行的结果进行评价和改善的"C"与"A"也非常重要。要想提高执行工作的质量，防止执行过程中出现遗漏的情况，"C"和"A"是必不可少的。

在当今时代，无论是商业环境、科学技术还是人的意识都在不断发生变化，今天的优势到了明天可能就会变成劣势。要想尽早发现这种变化并且及时采取应对措施，同样需要"C"和"A"。

此外，让PDCA保持循环也很重要。PDCA不能只进行一次或者两次就停止。为了让PDCA真正地持续循环起来，我们必须创建一个使其保持循环的制度。仅凭热情和意志做事的话是坚持不了太久的，只有合适的制度才是让PDCA保持循环的秘诀。

最后也是最重要的一点就是记事本。要想让计划得到准确执行，我们必须对日程表进行严格管理，保证每一天都能被有效利用。记事本在这一过程中可以发挥非常重要的作用。

无论企业的高层管理者制订了多么优秀的经营方针，并且每天不厌其烦地向员工宣传，但其中能够得到执行的内容最多也就两三成，要想让自己的组织变成能够100%执行既定经营方针的组织，只有坚持每天用记事本推动PDCA循环。这就是我的结论。

利用记事本使PDCA循环起来，并且让循环持续下去，久而久之，无论是个人还是组织都将切实成长。几年之后，你会发现曾经做不到的事情现在对自己来说是易如反掌的。这说明你已经成功实现提升了。

松井忠三